Kurt Allgeier

Die geheimen Rezepte schöner Frauen

**Die wirkungsvollsten
Gesundheits- und Schönheitsrezepte
aus alter und neuester Zeit**

Originalausgabe

**WILHELM HEYNE VERLAG
MÜNCHEN**

HEYNE SACHBUCH
01/7274

Copyright © 1986 by
Wilhelm Heyne Verlag GmbH & Co. KG, München
und litera-team, München
Printed in Germany 1986
Umschlagfoto: Bildagentur Mauritius/Stock
Umschlaggestaltung: Atelier Ingrid Schütz, München
Innenbilder: Süddeutscher Verlag, Bilderdienst, München
Satz: VerlagsSatz Kort GmbH, München
Druck und Bindung: Presse-Druck Augsburg

ISBN 3-453-02272-6

»Alles ist wandelbar in dieser Welt,
und ein leerer Schall nur ist die Treue.
Ewig treu, herrlich erhaben
bist nur du allein, gewaltige Natur.
Glücklich, wer zu dir hält und
vor dir sich beugt.
Ihm wird der Schmerz der Enttäuschung
nicht zuteil.
Für deine Treue und deinen Balsam
geb ich im Tausche gern alles dahin.«

Kaiserin Elisabeth, 1887

Inhalt

Einleitung 8

Die Königin von Saba 13

Das Parfüm der Königin von Saba 25
Die Mandelmilch-Paste 27
Sesamöl – gegen Kopfschmerzen und zu trockene Haut 28
Petersilien-Augenbad 29

Königin Kleopatra 31

Der Aloe-Gelee 42
Das Potenzstärkungsmittel der Kleopatra 43
Weihrauch-Salbe – Weihrauch-Milch 45
Malven-Heilsalbe 46
Anis-Mundspülwasser 47

Königin von Medici 49

Das Gesichtswasser der Königin 58
Der Schönheits-Rosenessig 60
Katharinas Jugendtee 62
Das Eisen-Fußbad der Königin 63
Das Haarshampoo à la Medici 65

Katharina die Große 67

Das Busen-Massageöl der Katharina 80
Haut-Schutzcreme mit Weizenkeimöl 82
Das Sellerie-Aphrodisiakum aus der Ukraine 83
Baldrian-Wein für klare Augen 83
Das Schönheitsbad mit Salz und Honigmilch 84

Madame de Pompadour 87

Myrtenwein gegen Schweiß- und Mundgeruch 100
Tuberosenblütenöl als Parfüm 101
Apfel-Handcreme à la Pompadour 102
Frucht-Rosenwasser 103
Das Veilchenwurz-Duftwasser 104

Königin Luise 107

Die Fenchelsalbe der Königin Luise 121
Kölnisch Wasser à la Luise 122
Schmerzmittel Arnika-Tinktur 123
Die Quark-Honig-Creme 124
Holunderblüten-Tinktur 125

Kaiserin Elisabeth 129

Sissis Lavendelgeist 144
Die Lilien-Schönheitscreme der Kaiserin 144
Sissis Kräuter-Haarpulver 146
Wacholdertinktur gegen Erkältungen 148
Nußöl-Geschmeidigkeitscreme 149

Marilyn Monroe 151

Die Kastanien-Hautkur von Marilyn Monroe 162
Erdnuß-Massageöl 164
Die Schönheits-Honigseife 165
Wermut-Wein für die Augen 166
Die ganz persönliche Auffrischungs-Creme 166

Buchhinweise 168

Register 169

Einleitung

Die Geschichte der Rezepte zur Pflege des Körpers und zur Erhaltung, Unterstreichung oder Korrektur seiner Schönheit ist die Geschichte bedeutender Frauen. Am Anfang schon stand die Erkenntnis, daß es nicht genügt, sich mit dem zufrieden zu geben, was einem als Gaben der Natur in die Wiege gelegt wurde, daß diese Gaben im Verlauf des Lebens aber auch nicht tatenlos dem Verfall und der Abnutzung preisgegeben oder gar mutwillig zerstört werden dürfen. Wer das Leben, sich selbst, seine Mitmenschen und den Schöpfer liebt, der achtet darauf, daß das Schöne und Gesunde möglichst schön und gesund bleibt. Er ist geradezu verpflichtet, seine unverwechselbare Eigenheit so positiv hervorzuheben, daß auch andere diesen speziellen Reiz erkennen können. Er muß sich anziehend machen, damit die Mitmenschen beim Anblick Freude empfinden und ihn lieben können.

Das war vor 4000 Jahren ebenso selbstverständlich, wie es auch heute noch sein sollte.

Die Geschichte der Schönheits- und Gesundheitsrezepte ist zugleich aber immer auch Schicksalsgeschichte. Man kann die Bedeutung und den Segen eines Rezeptes letztlich immer erst verstehen, wenn man die Frau einigermaßen verstanden hat, die es erfand, in Anwendung gebracht, für seine Verbreitung gesorgt hat. Versucht man aber, das Leben auch nur einiger Frauen der Geschichte zu ergründen, die Probleme ihrer Zeit zu erfassen, dann stellt man mit großer Verblüffung fest, daß sich zwar die Zeiten gewaltig verändert haben, die eigentlichen Grundprobleme der Frauen aber nahezu unverändert dieselben geblieben sind: Schon immer stand das weibliche Geschlecht im Spannungsfeld zwischen Hingabe und Selbstbehauptung. Schon immer war das Wesen der Frau zerrissen in die Neigung, nur für ›ihn‹ schön, attraktiv, begehrenswert zu sein – und in den Versuch, selbst, ganz ohne ›ihn‹ etwas darzustellen. Schon immer sah sie sich mit einer Männerwelt konfrontiert, die sich nicht klar darüber werden konnte, ob er in ihr nun die sexuelle Partnerin sehen sollte – oder die angebetete ›hohe Frau‹, die hoch über so gewöhnlichen, ›tierischen‹ Bedürfnissen steht. Ist sie überhaupt Partnerin oder nur dazu da, die Mutter der eigenen Kinder zu werden? Und damit war sie unentwegt gezwungen, für ihn die Rolle der Dirne oder die der Heiligen zu spielen. Nur sie selbst durfte sie nicht sein.

Gerade solche Zwiespältigkeiten und Unsicherheiten aber haben die Frauen letztlich dazu gebracht, nach Wegen und Möglichkeiten zu suchen, die eigene Attraktivität zu steigern, das Aussehen noch zu verbessern, dafür zu sorgen, daß man in ihnen wirklich und ohne Mühe auch das sieht, als was sie erkannt sein möchten. Und bald haben sie gelernt, welche Macht über Männer sie mit winzigsten Mitteln erreichen können: Macht, die nicht bedroht, nicht verletzt, die nichts mit Gewalt zu tun hat, sondern schmeichelt, verführt, sich einschleicht, zu gewinnen versucht – und letztlich beide Seiten beglücken kann, ohne daß es Sieger und Besiegte gäbe. Nicht nur in diesem Punkt sind Frauen den Männern weit voraus.

Die Möglichkeiten, imponierend schön und gesund zu bleiben oder zu werden, fanden die Frauen aber in der Fülle der Natur. Oft instinktiv, traumwandlerisch sicher griffen sie nach den Kräutern, Ölen, Duftstoffen, Salben, die sie brauchten, die ihrer eigenen Natur entsprachen, sie ergänzten, in neuer Weise aufstrahlen ließen. Das war nicht Raffinesse, kein gekünsteltes Sichverändern, sondern hohe Lebenskunst: Wer gegen Falten oder gegen zu trockene Haut ein natürliches Mittel anwendet, muß nicht unbedingt von der Panik gepackt sein, er könnte zu schnell alt werden. Viel näher liegt: Er ist ganz einfach ein Mensch, der das Leben bejaht und seinem eigenen Aussehen und Befinden gegenüber die nötige Achtung besitzt.

Denn auch das hat man früher deutlicher als heute eingesehen: Schönheit und Gesundheit sind untrennbar. Man kann in der Körperpflege nicht trennen zwischen Kosmetik und Heilung. Nur das Gesunde ist zugleich schön, weshalb jedes kosmetische Mittel zugleich immer auch Heilmittel sein muß. Schönheit kommt nicht zuletzt aus einer gesunden Ernährung, von natürlichen Kräutern, die nicht äußerlich angewendet, sondern gegessen und getrunken werden.

Acht Frauenschicksale − acht Versuche, sich im Leben zurecht zu finden und für sich selbst und andere das Beste daraus zu machen − erzählen die Geschichte der Frau durch die Jahrtausende. Eine Geschichte, die für die moderne Frau doch sehr hilfreich sein kann, den eigenen Weg, die rechte Einstellung zum Leben zu finden.

Jede dieser großen Frauen besaß ihre Lieblingsrezepte. Meistens waren es einfache Parfüms, Öle, Tinkturen, Salben, die sich ohne pharmazeutische Spezialkenntnisse und kostspielige Einrichtungen, ohne riesigen Zeitaufwand und große Mühen herstellen lassen. Es geht hier nicht darum, der Leserin dieses oder jenes Rezept besonders ans Herz zu legen und es ihr zur Nachahmung zu empfehlen. Das Interessante an diesen Rezepten ist doch, daß die bedeutenden Frauen sie sich zueigen gemacht haben, ohne einander zu kopieren. Jede Frau suchte in der Natur, was ihrer Art entsprach.

So will diese Rezeptsammlung mehr Anregung als Anleitung sein. Sollte die Leserin allerdings ein Rezept entdecken, das ihr auf Anhieb besonders sympathisch ist, dann hätte sie möglicherweise ›ihr‹ Rezept gefunden. Ob das der Fall ist, stellt sich dann heraus, wenn die Anwendung Glück, Zufriedenheit – ein Leuchten der Schönheit von innen heraus mit sich bringt.

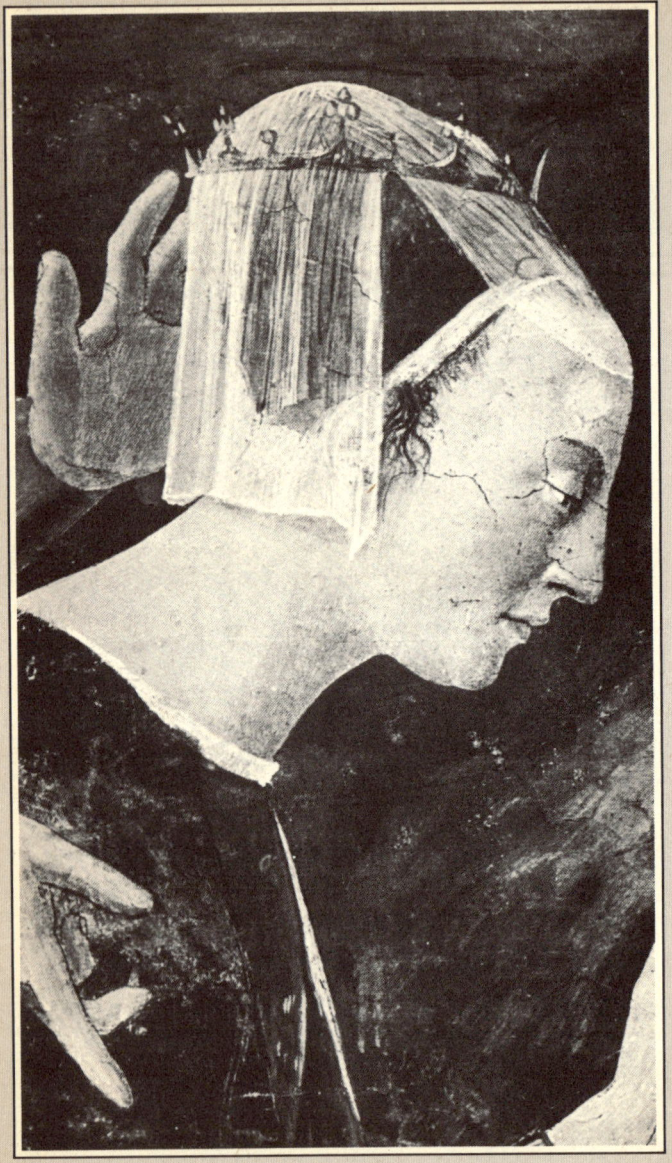

DIE KÖNIGIN VON SABA

(um 900 v. Chr.)

»Als die Königin von Saba vom Ruhme Salomos hörte,
kam sie, ihn mit Rätseln zu prüfen.
Sie kam mit riesigem Gefolge nach Jerusalem,
mit Kamelen, beladen mit Spezereien,
Gold in großen Mengen und Edelsteinen...
Und sie gab dem König 120 Talente Gold
und Spezereien in großen Mengen und Edelsteine.
Nie wieder sind so viele Spezereien hergekommen,
wie die Königin von Saba dem Salomo mitbrachte...«

(1. Könige, 10. Kapitel)

Die sagenhaft reiche und schöne Königin von Saba – und Israels weiser König Salomo: Wer hätte je ein interessanteres Zusammentreffen arrangieren können? Oder erfinden? Ist das nicht das perfekte Märchen schlechthin? Wo anders hätte es entstehen können als in der Welt der blühenden, schwelgerischen Phantasie – im Orient?

Da kommt eine Herrscherin, betörend schön und über und über mit Kostbarkeiten geschmückt. Sie reist mit einer endlosen Karawane an aus einem Land, das keiner kennt, von dem man aber sagt, es sei das verlorene Paradies. Als die Königin in Jerusalem eintrifft, ist sie schon über zwei Monate unterwegs, so weit unten im Süden liegt ihr Reich.

Die Königin taucht auf mit einer Pracht, wie man sie bisher im nicht gerade armen Jerusalem noch nicht gesehen hat. Und sie verteilt ihren Reichtum mit unfaßbarer Großzügigkeit, als bedeute er ihr überhaupt nichts. Sie überschüttet den König des Judenreiches mit allem, was sie mitgebracht hat.

Nicht genug damit. Sie schickt Schiffe nach Hause und läßt noch mehr herbeischleppen: Sandelholz, Edelsteine und noch einmal Gold.

»Das Gewicht des Goldes, das für Salomo in einem Jahr einlief«, so heißt es in der Bibel weiter, »betrug 666

Goldtalente, nicht gerechnet die Abgaben der Großkaufleute und die Steuern der Lehenskönige und Statthalter. König Salomo ließ 200 Schilde aus Gold hämmern...« Mit Gold und Sandelholz schmückte er den im Bau befindlichen Tempel und den Königspalast. Von Stunde an trank Salomo nur noch aus goldenen Trinkgefäßen.

In Jerusalem ist der Reichtum ausgebrochen.

So ganz uneigennützig scheint die exotische Königin allerdings nicht gewesen zu sein. Denn wir lesen auch die Sätze: »König Salomo aber erfüllte der Königin von Saba alle ihre Wünsche – ganz abgesehen von dem, was er ihr schenkte, wie eben nur ein König Salomo schenken kann.« Aus anderen Quellen ist zu erfahren, daß der König seinem Gast unter anderem Bauleute in ihr Land mitgab, die israelische Baukunst in Saba verwirklichen sollten. Legende? Ein Kapitel aus ›1001 Nacht‹, in die Bibel versetzt? Oder doch wahre Begebenheit, in orientalischer Manier ausgeschmückt, vielleicht auch kräftig übertrieben?

Die Königin von Saba ist keine Sagenfigur. Sie hat wirklich gelebt!

Ranken sich um ihre Person auch zahlreiche Legenden, so scheint durch sie hindurch doch eine mehr als bestaunenswerte Figur. Vor 2900 Jahren schon hat sie über ein Volk mit hochentwickelter Kultur geherrscht – in einem Land, das ein einzigartiger, blühender, überquellender Garten gewesen sein muß. Und vieles von dem, was man bisher einfach nicht glauben wollte und deshalb in das Reich der Fabeln verwies, erweist sich neuerdings, belegt durch über 4000 Steintafeln, ausgegraben in mächtigen Ruinen, als geschichtliche Tatsache.

Noch schlummern zahllose Geheimnisse der Sabäer unter Schutt und Trümmern und Wüstensand – nach den Ausgrabungen von Troja und Ninive vielleicht das letzte große ›Grab‹ vorgeschichtlicher Welten. Doch in den letzten dreißig Jahren haben flüchtige, unter schwierigsten Bedingungen durchgeführte Ausgrabungsversuche aufregende Dinge ans Tageslicht gebracht:

Lange vor dem Bau der Pyramiden in Ägypten, wahrscheinlich schon vor 14000 Jahren, gab es im heutigen Jemen an der Südspitze der arabischen Halbinsel ein sehr reiches, blühendes Land. Dort, wo heute sich nur noch Steine und Felsbrocken unter glühender Sonne türmen, lebten einst Millionen Menschen in unvorstellbarem Überfluß und Wohlstand.

Mit erstaunlichem Geschick hatten sie mächtige Dämme und genial konstruierte Bewässerungsanlagen errichtet, so daß es in den weiten Tälern das ganze Jahr über blühte und die süßesten Früchte heranreiften – nicht nur einmal, sondern zweimal im Jahr. Der Duft, der diesem Garten entströmte, soll so groß gewesen sein, daß er weit in das Meer hinausgetragen wurde. Noch vor 2000 Jahren scheint das so gewesen zu sein. Der griechische Geschichtsschreiber Diodorus von Sizilien schwärmte: »Die Sabäer bewohnen das sogenannte Glückliche Arabien, das fast alle edlen Erzeugnisse hervorbringt, die unser Leben verschönern. Sie besitzen eine unzählige Menge an Herdenvieh aller Art. Das ganze Land duftet von einem natürlichen Wohlgeruch, da es fast alle die ausgezeichneten Wohlgerüche ununterbrochen das ganze Jahr über hervorbringt. An der Küste nämlich wächst der Balsam und die Kassia (eine Art Zimt)... Das Innere des Landes ist mit dichten Wäldern bedeckt, in denen große Weihrauch- und

Myrrhenbäume stehen, außerdem Palmen und Kalmus und Zimt und viele andere Pflanzen... Göttlich gleichsam und über alle Beschreibung erhaben ist der Wohlgeruch, der einem hier entgegenströmt und die Sinne entzückt. Sogar die Vorübersegelnden empfangen ihren Anteil an diesem Genuß, selbst dann, wenn sie weit vom Festland entfernt sind. Im Sommer nämlich, wenn der Wind vom Land her weht, werden die Wohlgerüche, die die Myrrhenbäume und andere Gewächse verströmen, bis über das nächstgelegene Meer hinausgetragen. Und dabei handelt es sich nicht um den Duft abgelegener und altgewordener Gewächse, wie wir sie haben, sondern der kräftig-frische Hauch der lebendigen Blüten, der die ganze Empfindung aufs tiefste durchdringt, das frische und ungemischte Erzeugnis der göttlichen Naturkraft.« Die ungewöhnliche Fruchtbarkeit war denn auch der Reichtum des Landes. Von hier aus gingen Weihrauch und andere ›Spezereien‹ in alle Welt. Diese Würz- und Duftstoffe waren in Rom, in Griechenland, in Ägypten und in Kleinasien so begehrt, daß die Sabäer jeden Preis dafür verlangen konnten. Er wurde bezahlt. Die Kostbarkeiten aus Saba konnten mit Gold, Perlen und Edelsteinen aufgewogen werden.

Die zweite natürliche Einnahmequelle für das Reich der Königin von Saba waren die ›sabäischen Tropfen‹. So nannte man bis ins Mittelalter hinein das Erdöl. Es floß in früheren Jahrtausenden noch aus Bodenquellen, brauchte also nicht heraufgepumpt zu werden. Vor allem die ägyptischen Pharaonen benötigten das Erdöl zum Einbalsamieren.

Schließlich erwiesen sich die Sabäer, die mit ihren Waren in der ganzen damaligen Welt herumkamen, als tüchtige Händler. Saba wurde mehr und mehr zum zentralen Vermittlungspunkt zwischen Indien und dem

Abendland. Die Sabäer kauften indische Waren und verkauften sie nach Europa. Und sie brachten auf dem Rückweg Holz und Bernstein und Metalle, also Waren aus Europa, nach Indien.

So erblühte an der Südspitze der arabischen Halbinsel das Arabia felix, das glückliche Arabien, ein Land, in dem der kleine Mann so unbehindert im Wohlstand lebte, wie anderswo nur Könige und Fürsten. Die günstige Lage weit im Süden, entfernt von allen Großmächten der damaligen Zeit, bewahrte das Volk vor Überfällen und kriegerischen Auseinandersetzungen. In alten Reiseberichten wird erzählt, die Sabäer hätten auch schon über erstaunliche technische Errungenschaften verfügt. Sie wären beispielsweise in der Lage gewesen, ›Bilder näherzurücken‹ und ›zu hören, was in weiter Ferne gesprochen wurde‹. Kannten sie etwa schon Fernglas und Mikrophon? Vielleicht entdecken die Forscher in naher Zukunft noch viel unglaublichere Dinge über diese frühe Kultur.

Die Königin von Saba lebte in der Stadt Mariba, 190 Kilometer östlich der heutigen Hauptstadt des Jemen, Sanaa. Die Stadt, deren Ruinen heute noch zu sehen sind, lag 1160 Meter über dem Meeresspiegel auf einem bewaldeten Hügel in einem weiten Tal. Mariba besaß ein sehr mildes, günstiges Klima. Das Regenwasser wurde in einem mächtigen Stausee oberhalb der Stadt gespeichert und über Kanäle in die üppigen ›Gärten‹ rund um die Stadt geleitet.

Die Königin von Saba hieß aller Wahrscheinlichkeit nach Bilqis und war die Tochter von El Hadhad, dem König von Saba, der ein leidenschaftlicher Jäger gewesen sein soll.

Eine alte arabische Legende erzählt von El Hadhad: Eines Tages war er wieder einmal auf der Löwenjagd, wobei er sich in der Wüste verirrte. Plötzlich sah er eine Gazelle, die von einem Wolf verfolgt wurde und sich rettungslos verklettert hatte. El Hadad tötete den Wolf, die Gazelle entkam. Er folgte ihrer Spur und stand unversehens vor einer Stadt. Sie war ganz aus Metall auf vier riesigen silberglänzenden Säulen errichtet. Das fremdartige Ding ragte hoch über einen Wald von Dattelbäumen und Obstbäumen hinaus. Neugierig, verwirrt, fasziniert trat der König von Saba auf eine der Säulen zu, als sich diese öffnete. Es trat ein Mann heraus, der ihn freundlich grüßte und ihm erklärte, die Metallstadt trage denselben Namen wie seine eigene Stadt, Mariba. Sie werde von Geistern und Zauberern bewohnt. Er selbst sei der Chef dieser Stadt.

Während der König noch mit dem fremden Mann sprach, trat eine wunderschöne junge Frau hinzu. Der Chef der Metallstadt stellte sie als seine Tochter vor und erklärte dem König: »Erkennst du sie nicht? Das ist die Gazelle, die du vor dem Wolf gerettet hast!« Der König war von ihrer Schönheit so gebannt, daß ihm nur noch eine einzige Frage auf der Seele brannte: »Gibst du mir deine Tochter zur Frau?« Der Chef der Metallstadt war einverstanden.

El Hadhab verabschiedete sich, um die Hochzeit vorzubereiten. Doch kaum hatte er sich wenige Schritte von der Metallstadt entfernt, als sie auch schon verschwunden war. Wie in Luft aufgelöst.

El Hadhab ließ sich nicht verwirren. Er bereitete das Hochzeitsfest vor und zog dann zum festgesetzten Termin mit seinem Hofstaat in die Gegend, in der er die metallene Stadt gefunden hatte.

Und sie war wieder da, leuchtete in reinstem Gold. Die Fenster funkelten wie Diamanten. Das Innere des ›Palastes‹ war mit kostbaren Teppichen ausgestattet.

Palmen und Ziersträucher verbreiteten einen betörenden Duft. Das Wasser floß aus ›metallenen Röhren‹.

Drei Tage lang wurde Hochzeit gefeiert. Die metallene Stadt wurde der Wohnsitz des Königspaares. In ihm wurde Bilqis, die Königin von Saba, geboren...

Das ist fast schon mehr als eine blumig ausgeschmückte Legende. Wer dächte nicht automatisch an eine Begegnung mit Außerirdischen oder vielleicht auch an die Landung eines modernen Luftgefährtes einer hochzivilisierten Kultur aus einer anderen Gegend der Erde, die dem Sabäerreich einen Besuch abgestattet hat, um sie zu ›veredeln‹?

Wie auch immer: Bilqis, die Königin von Saba, scheint eine Ausnahmeerscheinung gewesen zu sein, eine Frau, deren Ruhm die Jahrtausende bis heute überdauerte.

Wie sie ausgesehen haben könnte, das schildert eine Schrift über die Schönheit südarabischer Frauen aus dem 12. Jahrhundert. Darin heißt es: »Die südarabische Schöne ist hochgewachsen und schlank wie ein Bambusrohr. Ihr Gesicht ist lieblich und rund wie der volle Mond, das Haar schwärzer als die dunkelste Nacht. Ihre Wangen sind weiß und rosenfarben. Sie trägt ein Schönheitspflästerchen wie einen Tropfen grauer Amber auf Alabastergrund. Die Augen sind tiefdunkel, auch wenn sie nicht mit Kohle umrandet sind, groß und sanft wie die Augen einer Hirschkuh, mit schweren Lidern und melancholischem Blick. Der kleine Mund hat Zähne, die Perlen gleichen, gefaßt in Korallen. Die Brüste gleichen Granatäpfeln. Die Lenden sind rund, die Hände schmal und hennagefärbt.«

Das klingt ganz ähnlich wie die Lobpreisungen im Hohen Lied der Liebe, verfaßt von König Salomo: »Dein Haar gleicht einer Ziegenherde, die sich herab am

Gileadberg lagert... Dein Busen gleicht zwei Rehkälbchen, Gazellenzwillingen, die in den Lilien weiden... Dein Schoß ist ein Hain mit frischen Granatäpfeln, wunderköstlich; mit Zyperntrauben, Narden. Ja mit Narde, Safran, Kalmus, Zimt, mit allerlei Weihrauchgehölz und Myrrhen, mit Aloe, mit allerlei Balsamessenzen...«

Immer wieder der Vergleich weiblicher Schönheit mit dem offensichtlich Kostbarsten, was die damalige Welt zu bieten hatte: mit den köstlich duftenden Schätzen, die die Königin von Saba mit nach Jerusalem gebracht hatte. Es ist, als wäre mit diesem Besuch im Vorderen Orient ein neues Lebensgefühl erwacht: Was bisher nur Göttern geopfert wurde – etwa Weihrauch –, war fortan Zeichen menschlichen Glücks, besonderen Wohlergehens. Die Welt hatte den Wohlgeruch als Heilkraft und als Magie der Schönheit entdeckt.

Mit den Kaufleuten waren die wunderlichsten Gerüchte über König Salomo bis nach Mariba gedrungen. Bilqis hielt es nicht mehr zu Hause. Sie mußte herausfinden, ob dieser Mann wirklich so weise und klug ist, wie man sich erzählte. Deshalb nahm sie diese beschwerliche Reise auf sich, die alte Karawanenstraße entlang, vorbei an Mekka. Sie wollte den König mit Rätselspielen prüfen. Das war der Sport der Könige in früheren Jahrtausenden, ein Wettkampf mit sehr hohem Einsatz: Man stellte sich gegenseitig Rätselfragen und setzte das Vermögen ein, das Heer, das Land oder gar das eigene Leben. Konnte der Gegenspieler die gestellten Fragen beantworten, durfte er über den Einsatz verfügen.

Solche Rätselfragen lauteten beispielsweise: Drei sind's, die niemals satt werden, vier, die sagen niemals ›genug‹? Die richtige Antwort: die Unterwelt, der verschlossene Mutterschoß, die Erde, die nie vom Wasser satt wird, schließlich das Feuer, das nie genug hat.

Die Königin von Saba hat gegen Salomo das Spiel verloren. Das erklärt ihre unermeßlichen Geschenke. Doch König Salomo, von dem es heißt, er hätte an die tausend Frauen in seinem Harem gehabt, darunter zwei Königstöchter, hatte sich ohne Zweifel in diese einzigartige Frau verliebt und überhäufte sie seinerseits mit Geschenken.

Die Äthiopier behaupten, die Königin von Saba hätte nach ihrer Rückkehr ihren mit König Salomo gezeugten Sohn Menelik geboren. Er wäre zu ihrem Stammvater geworden.

Ganz wichtig für Israel — und später für das ganze Abendland — war aber, daß Salomo und die Königin von Saba miteinander beschlossen, gemeinsam den Handel zwischen Ost und West zu organisieren. Salomo lernte von der Königin, daß man viel Geld machen kann, wenn man günstig Handelswaren einkauft, sie weitertransportiert und möglichst teuer weiterverkauft. Damit gelangten die Heilkräuter, Harze und Duftstoffe — ganz sicherlich auch viele Heil- und Schönheitsrezepte — aus dem Süden und Osten in den Mittelmeerraum — , aber auch Gewürze und Stoffe und Porzellan aus Indien und China.

Aber so heißt es im Koran: Den Sabäern ist es einfach viel zu gut gegangen. Das Volk wurde mit seinem Reichtum und Überfluß nicht fertig, deshalb wurde es vom Strafgericht Gottes getroffen. Das Schicksal der Sabäer wird in der ›Bibel der Mohammedaner‹ als Beispiel dafür angeführt, wie wachsender Wohlstand und steigende Ansprüche letztlich ins Elend führen: »Wahrlich, die Sabäer hatten in ihren Wohnungen ein Zeichen: Zwei Gärten, einen rechts und einen links der Stadt.

›Esset von der Gabe eueres Herrn und danket ihm. Ein gutes Land und ein verzeihender Herr!‹ Sie aber wandten sich ab. Und da sandten wir über sie die Flut des Dammbruchs und vertauschten ihre zwei Gärten mit zwei Gärten von bitterer Speise« (34. Sure). Zweimal, zuerst im Jahre 542, dann im Jahre 570, brach der große Damm über der Stadt Mariba. Nach der ersten Katastrophe konnte er noch einmal repariert werden. Nach der zweiten war niemand mehr dazu in der Lage. Die Fluten schwemmten den fruchtbaren Ackerboden weg. Das war das Ende des Paradieses. Es gab keine Sabäer mehr. Aus dem blühenden Garten ist eine trostlose Steinwüste geworden.

Doch zuvor schon hatten die Nachkommen der Königin von Saba erhebliche Probleme, mit dem Segen ihres Landes zurechtzukommen. Diodorus von Sizilien berichtet: »Die Wälder des höchsten Wohlgeruchs bergen Schlangen in großen Mengen, purpurrot an Farbe und nur von einer Spanne Länge. Ihr Biß ist unheilbar. Sie beißen, indem sie sich vom Boden emporschnellen und im Sprunge die Haut blutig ritzen. Auch eine langwierige Krankheit gibt es in Saba. Die Einheimischen behandeln sie auf ganz eigene Art. Der konzentrierte und starke Wohlgeruch durchdringt nämlich den Körper ganz und gar und läßt das Gewebe erschlaffen. Die Betroffenen werden schwach und hinfällig. Man behandelt diese Krankheit mit Beräucherungen mit Erdpech und Bocksbart und bekämpft so den allzu starken Wohlgeruch mit der entgegengesetzten Natur.« Der Geschichtsschreiber fügt mahnend hinzu: »Das Gute und Schöne bringt eben den Menschen nur dann Nutzen und Ergötzung, wenn es ihnen in einem bestimmten Maß zugemessen wird. Ganz unnütz aber wird ein Göttergeschenk, wenn das rechte Maß und die rechte Zeit verfehlt wird.«

Geradezu unheimlich, der Untergang des blühenden Reiches der Königin von Saba. Wenn wir heute das Waldsterben erleben, sollten wir uns dieses trostlose Ende vor Augen halten und die Felsenöde des Jemen besuchen, um zu sehen, wie unsere Heimat bald aussehen wird, wenn wir die Zeichen nicht ernst nehmen.

Doch die Königin von Saba hat vor Jahrtausenden schon Einfluß auch auf unser Leben genommen und uns Schätze gebracht, ohne die das moderne Leben kaum mehr vorstellbar wäre.

In erster Linie die Duftstoffe und deren Heilkraft. Im Wohlgeruch, so glaubte man bis ins Mittelalter hinein, ist das Heilsame, das Göttliche enthalten, im Gestank das Böse, die Krankheit. Blumen hat man in erster Linie nicht aufgestellt, um sich an ihrer Farbenpracht zu erfreuen, sondern um sich an ihrem Duft gesund zu atmen.

Erst in unseren Tagen ist die heilsame Wirkung eines angenehmen Duftes vor allem auf das Nervensystem, speziell auf die innere Ausgeglichenheit, wiederentdeckt worden.

Von Herodot wissen wir, daß die Duftstoffe, ähnlich wie im heutigen Aufguß in der Sauna, vor Jahrtausenden schon als Heilkraft eingesetzt wurden: Man erhitzte Steine, goß den Absud und Essenzen der Heilpflanzen über sie und atmete die aufsteigenden Dämpfe ein. Kein Fest ohne Räucheropfer, vergleichbar der Verwendung des Weihrauchs in festlichen Gottesdiensten.

Die südarabischen Frauen zerrieben Weihrauch, Zypressen- und Zedernholz zu einem Pulver, vermischten dieses mit Wasser, um damit den Körper und das Gesicht zu salben.

Jüdische Frauen mußten sich – offensichtlich inspiriert durch die Königin von Saba – nach jeder Krankheit und Geburt ein ganzes Jahr lang reinigen – mit duftenden Ölen. Sie durften in diesem Jahr keine Zwiebeln und keinen Knoblauch essen. Im ersten Halbjahr pflegten sie sich mit Myrrhenöl, im zweiten mit Balsam und Weihrauchöl.

Das Parfüm der Königin von Saba

Ein typisches Rezept zur Herstellung eines ganz persönlichen Parfüms, eines Heilduftstoffes, der nicht nur eine geradezu magische Anziehungskraft ausübt, sondern zugleich die eigene Stimmung ›aufhellt‹ – so hat die Königin von Saba die Anwendung des Parfüms verstanden –, ist das Iris-Duftwasser. Es besitzt außerdem den Vorteil, daß es frei ist von Alkohol, also nicht austrocknet, sich nicht so schnell verflüchtigt. Seine Herstellung ist ganz einfach.

Besorgen Sie sich:

100 Gramm Iris florentina (Veilchenwurz)
 25 Gramm getrocknete Rosenblätter (rot)
 25 Gramm Nelken
 20 Gramm Galgant
 15 Gramm Calamus
 20 Gramm Lavendel
 10 Gramm trockenen Majoran
  6 Gramm Orangenschalen
  3 Gramm Zimt

Sie brauchen außerdem: etwas Rosenwasser und, wenn Sie es bekommen, Extrakt aus Orangen-, Zitronen- und Limonenblüten. Die Zutaten werden fein pulverisiert und in einem Glasgefäß mit Rosenwasser angerührt.

Das soll kein Brei, sondern eine sämige Flüssigkeit werden.

In diese gibt man dann noch, falls vorhanden – die Blütenessenzen und läßt das Ganze zugedeckt einen Tag lang stehen.

Am nächsten Tag stellt man das Glasgefäß zum Wasserbad in einen größeren Topf, in dem das Wasser zum Kochen gebracht wird. Das Glasgefäß wird immer wieder geschüttelt. Es dauert etwa eine Stunde, bis die Hälfte seiner Flüssigkeit verdampft ist. Den Rest gießt man durch ein Leinentuch, preßt den Satz gut aus. Man erhält eine noch etwas trübe Flüssigkeit, die so lange gefiltert wird, bis sie wasserklar geworden ist.

Diesem Duftwasser haben die alten Sabäer nun noch Moschus und grauen Amber beigesetzt. Das ist heute kaum mehr möglich. Ein Gramm Amber kostet rund fünfzig Mark. Moschus wird sowieso nur noch künstlich hergestellt.

Doch nun können Sie einen Trick anwenden: Nehmen Sie ein gutes Parfüm, das Ihnen vom Duft her besonders sympathisch ist. Gießen Sie davon etwa zehn Tropfen (aber nicht mehr) in das Duftwasser. Damit können Sie denselben Effekt erzielen. Ihr Lieblingsparfüm wird damit nicht nur vermehrt, es wird zugleich verfeinert. Und es wird zudem daraus auch noch ein wirksames Nervenheilmittel, das merklich beruhigt und heiter stimmt.

Bewahren Sie Ihr Parfüm in einem Fläschchen mit einem dunklen Glas auf, damit es länger hält. Benutzen Sie Ihr Parfüm vor allem abends vor dem Schlafengehen. Es gibt kaum ein besseres und angenehmeres Schlafmittel. Riechen Sie immer dann am Fläschchen, wenn sie besondere Nervosität verspüren. Geben Sie gelegentlich auch einige Tropfen davon in Ihre Wäsche.

Die Mandelmilch-Paste

Ein Rezept zur Auffrischung und Straffung der Haut, das ebenfalls der Königin von Saba zugeschrieben wird, ist die Mandelmilch-Paste.

Als Zutaten benötigen Sie:

50 Gramm Mandeln
10 Gramm Hafermehl
10 Gramm Orangenschalenaroma
etwas frische Milch

Die Zubereitung: Man gibt die Mandeln in heißes Wasser und läßt sie so lange darin, bis sich die Schale leicht ablösen läßt. Dann schüttet man das heiße Wasser ab und übergießt die Mandeln kurz mit kaltem Wasser. Die Mandeln werden geschält und ganz fein zerstoßen. Man gibt sie auf ein sauberes Tuch, etwas Wasser darüber und walkt und knetet den Brei möglichst kräftig und ausdauernd.

Dann gibt man den Brei in eine Porzellanschüssel, mischt das Hafermehl und das Orangenschalenaroma darunter und rührt den Brei mit der Milch an, bis er zu einer feinen, weichen Paste geworden ist. Sie verwendet man nun wie eine leichte Gesichtsmaske.

Feuchten Sie zunächst das Gesicht mit lauwarmem Wasser gut an und reiben Sie dann die Paste sanft in die Haut ein. Dünn auftragen und einige Minuten einwirken lassen. Dann waschen Sie die Paste wieder mit viel Wasser ab.

Sie werden verspüren, wie wunderbar frisch, gut durchblutet, straff und weich Ihre Haut geworden ist. Wiederholen Sie solche Mandelmilch-Masken alle vierzehn Tage, nicht häufiger.

Verwenden Sie die Maske nicht bei starker Akne oder bei offenen Hautverletzungen!

Sie können auch etwas von der Paste in das Badewasser verrühren. Am besten bewahrt man die Paste im Kühlschrank auf. Vor der Anwendung muß sie dann aber rechtzeitig herausgenommen, vielleicht sogar leicht aufgewärmt werden.

Sesamöl – gegen Kopfschmerzen und zu trockene Haut

Als Universal-Schönheits- und Schmerzmittel hat die Königin von Saba das Sesamöl benützt. Bei Kopfschmerzen, vor allem in Stirn und Schläfen, aber auch bei rheumatischen Gelenkschmerzen wurde Sesamöl pur eingerieben.

Gegen eine zu trockene Haut, gegen altgewordene oder durch zu intensive Sonnenstrahlung geschädigte Haut verwendete sie Sesamöl, zu gleichen Teilen verdünnt mit Rosenwasser. Man muß, will man dieses Mittel versuchen, darauf achten, daß man das echte Sesamöl bekommt (kein Leindotteröl, das allgemein als Sesamöl verkauft wird). Außerdem sollte es kalt geschlagen sein.

Das verdünnte Sesamöl zur Hautpflege bewahrt man in einem Fläschchen mit getöntem Glas auf. Vor Gebrauch schüttelt man es kräftig.

Tragen Sie Sesamöl immer sehr sparsam auf, massieren Sie es ganz sanft, niemals kräftig, in die Haut. Empfehlenswert ist die Anwendung vor allem abends vor dem Zubettgehen.

Sesamöl hilft oft überraschend schnell bei Hautallergien. Gegenüber vielen anderen Hautölen besitzt es den Vorzug, sehr angenehm zu duften.

Petersilien-Augenbad

Und noch ein Schönheitstip der Königin von Saba: Petersilien-Augenbad. Wenn Ihre Augen müde sind und den Glanz eingebüßt haben, dann nehmen Sie ein Sträußchen frischer Petersilie. Wenn Sie es gut gewaschen haben, überbrühen Sie es mit einem halben Liter kochendem Wasser. Diesen ›Tee‹ lassen Sie drei bis vier Stunden ziehen, ehe Sie ihn abseihen und noch einmal leicht erwärmen. Darin können Sie nun Ihre Augen baden. Oder Sie legen sich eine Kompresse auf die Augen – am besten abends vor dem Schlafengehen.

KÖNIGIN KLEOPATRA

(69 – 30 v. Chr.)

»Als Kleopatra vom betrunkenen General
als Preis ihrer Liebe das Römische Reich verlangte,
versprach es ihr Antonius.
Er hatte sein Vaterland, seinen Namen,
seine römische Kleidung, sein
Amt vergessen und war in seinem Denken,
Fühlen und in seiner Kleidung so entartet,
daß er zu dem uns bekannten Ungeheuer wurde.
In seiner Hand hielt er ein Zepter aus Gold,
an seiner Seite trug er einen Krummsäbel.
Sein Haupt krönte ein Königsdiadem, um zu zeigen,
daß er ein König ist –
und ebenbürtig der Königin, die er liebte...«

Der römische Geschichtsschreiber und Dichter P. Annius Florus schäumt vor Verachtung: Wie konnte der große Marcus Antonius – ebenso wie vor ihm Julius Cäsar – derart total der ägyptischen Prinzessin Kleopatra hörig werden, daß er der ›Schlange vom Nil‹ sogar das halbe römische Imperium schenkte, ihre Kinder zu Königen machte, selbst die römische Toga ablegte und in orientalischer Kleidung herumlief? Was hat diese Frau mit den beiden größten Helden, diesen überragenden Kämpfernaturen, bloß angestellt? Welche Mittel hat sie dabei verordnet? Etwa Zauber? Magie der Pharaonen? Geheimnisvolle Liebestränke? Gut, bei Cäsar ist sie einem alternden, fünfzigjährigen Mann begegnet, der von der Leidenschaft der jungen, erst zwanzigjährigen exotischen Schönheit kurzerhand überwältigt wurde. Aber Marcus Antonius? Ein junger Mann mit so großer Zukunft?

»Ihre Schönheit allein«, schreibt der griechische Geschichtsschreiber Plutarch, »war nicht so unvergleichlich, daß es nichts ihr Ebenbürtiges gegeben hätte oder daß sie jene, die sie erblickten, sogleich bezaubert hätte.«

Was hat Cäsar ihretwegen seiner sehr schönen und liebenswerten, ihm treu ergebenen Frau Calpurnia angetan, die in Rom auf ihn wartete, um ihn endlich wieder in die Arme schließen zu dürfen! Cäsar blieb ein

Jahr lang bei Kleopatra in Alexandrien, fuhr mit ihr, als gäbe es weder Rom noch Calpurnia, zehn Wochen lang in einem schwimmenden Palast, beladen mit unbeschreiblichem Prunk, begleitet von 400 Schiffen, den Nil auf und ab. Als er endlich nach Italien zurückkehrte, um sich dort zum Diktator aufzuschwingen, folgte ihm Kleopatra – auf ihren Armen seinen Sohn Cäsarion, den sie ihm geboren hatte. Und Cäsar lebte fortan nicht bei seiner Frau, sondern bei der Ägypterin in einer prächtigen Villa am Tiber. Kann man einer Frau mehr Schmach zufügen? Wenn es aber ein so gradliniger, nüchterner, vernünftiger Mann wie Cäsar tut, muß man dann nicht doch an Hexerei glauben? Nicht genug damit: Cäsar war klug genug zu durchschauen, daß Kleopatra ihn ins Verderben stürzen wird. Doch in ihren Banden war er unfähig, überhaupt noch vernünftig zu denken. Sie, die sich für die Erbin Alexanders des Großen hielt, vermochte Cäsar zum Träumen zu bringen. Ihretwegen wurde für ihn Rom zum rückständigen Dorf, das Weltreich zur Barbarenrepublik. An ihrer Seite wollte er zum König der ganzen Erde werden, über das Abendland und das Morgenland herrschen und selbst Alexanders Ruhm übertreffen. Ihr glaubte der gebildete, scharfsinnige Feldherr sogar, daß er direkt von den Göttern abstamme, so daß ihm alle Menschen untertan sein müssen. Weil sie es wollte, stellte er das mächtigste Heer auf, das Rom jemals gesehen hat. Nahezu 200 000 Mann standen bereit, die letzten von Rom unabhängigen Völker zu unterwerfen und, ganz im Geiste Alexanders, die Macht bis nach Indien auszudehnen. Ihretwegen ist Cäsar letztlich ermordet worden. Denn die Römer, so schreiben die Zeitgenossen, erkannten ihren Cäsar nicht wieder. Die ›Ägyptische Hexe‹, die ›Hure von Alexandrien‹ hatte ihn um ihren Finger gewickelt. Sie wird mit ihrem magischen Einfluß nicht nur den großen Cäsar, sondern ganz Rom in den Untergang führen. Cäsar wurde im Capitol erstochen, als er gerade dabei war, an der Spitze seines Riesenheeres in Richtung Persien aufzubrechen, Kleopatras Herzenswunsch zu erfüllen.

Mit Marcus Antonius, zwölf Jahre jünger als Julius Cäsar, begann das gleiche Spiel von vorne – nur noch dramatischer, noch unverständlicher.

Auch Antonius wußte, daß Kleopatra die eigentliche Schuldige am Tod seines Gönners und Freundes Cäsar war. Als einer seiner beiden Nachfolger will er die ägyptische Königin vor ein öffentliches Gericht stellen und befiehlt ihr, vor ihm in Tarsos in Kleinasien zu erscheinen. Er rechnet wohl nicht damit, daß die stolze Frau, die nach der Ermordung Cäsars nach Alexandrien entkommen konnte, diesem Befehl gehorchen würde. Doch Kleopatra kam – aber nicht, um sich dem bärenstarken Feldherrn zu Füßen zu werfen, sondern ihn in ihren Bann zu schlagen. Als ihre Schiffe in den Hafen einlaufen, sitzt er bald alleine auf dem Richterstuhl am Marktplatz. Alle Leute, Zivilisten wie Soldaten, sind hinuntergestürmt, das Schauspiel mitzuerleben.

Antonius ist kein kühler Rechner wie Cäsar, schon gar kein Asket, sondern ein ungestümer Draufgänger, ebenso unbeherrscht als Soldat wie maßlos im Genuß. Was Kleopatra ihm auf ihrer Prunkgaleere bietet, läßt seine Augen übergehen. Gold und Silber, wie er es nie in solcher Fülle und Kostbarkeit gesehen hat. Seide und Purpur, daß er sich im Olymp wähnt. Musik, die ihn in ihrer schweren Sinnlichkeit betört. Nie erfahrene Düfte, die jeden Widerspruch zunichte machen, jeden klaren Gedanken vernebeln. Und schließlich, als Höhepunkt, ein so unfaßbar köstliches Mahl, daß sich der mächtige

Mann geradezu armselig neben der Königin vorkommt. Noch aufwendiger, noch berauschender wird das Fest am zweiten Tag wiederholt. Der Boden des goldenen Prunksaales auf dem Königsschiff ist sechzig Zentimeter hoch mit Rosenblütenblättern bedeckt, Marcus Antonius, selbst ein maßloser Verschwender, kann es einfach nicht fassen, daß diese Frau selbst wertvolle Perlen in Essig auflöst – und einfach trinkt. Alles, was er bisher erlebt hat, verblaßt vor dieser neuen prallen Welt.

Doch auch für Antonius wie zuvor für Cäsar bleibt Kleopatra kein Abenteuer, das irgendwann ein Ende findet – sondern schicksalhafte Bindung, die ihn ins Verderben stürzt. Er heiratet diese Frau ganz offiziell, bekommt von ihr drei Kinder und ist bereit, alles für sie aufzugeben und alles nach ihrem Wunsch zu wagen. Zwar gibt es immer wieder Versuche, sich aus der Verstrickung loszureißen, an seine Pflicht, an Rom zu denken. Aber von Kleopatra kommt keiner mehr los. Als seine Frau stirbt, heiratet Antonius die Schwester seines Erzrivalen, der später Kaiser Augustus werden sollte. Ein verzweifelter Versuch, in das ›normale‹ Leben zurückzukehren. Vier Jahre hält es Antonius aus – dann kehrt er zu Kleopatra zurück, obwohl Oktavia offensichtlich viel schöner, viel unproblematischer, viel liebenswerter ist als die ägyptische Königin. Antonius muß zu Kleopatra zurück. Er ist noch mehr in sie verliebt als jemals zuvor.

»Die unheilvolle Liebe zu Kleopatra war nur vorübergehend von besseren Gedanken verdrängt«, schreibt Plutarch. »Dann entflammte sie wieder und wurde stärker, je mehr er sich Syrien näherte. Jeden ehrlichen und guten Rat zurückweisend, brach diese Liebe aus seinem Herzen aus wie das widerspenstige und unzähmbare Pferd, von dem Plato spricht.«

Diese Liebe ist so groß, daß Kleopatra die unsinnigsten Bedingungen stellen kann. Antonius erfüllt sie. Er schenkt der Königin das halbe römische Imperium, ernennt Cäsars Sohn zum Mitregenten, erhebt seine eigenen Kinder zu Königen von Armenien, Libyen, Phönizien. Er selbst tritt fortan wie ein orientalischer Herrscher mit Königskrone und Szepter auf, Kleopatra wie die Göttin Isis. Antonius zögert keinen Augenblick, den ägyptischen Göttern sein Opfer darzubringen.

Nun kann es für die Römer keinen Zweifel mehr geben: Der bisher so beliebte und bewunderte Antonius ist unter dem Einfluß der Kleopatra – vielleicht auch durch deren Drogen und Gifte – wahnsinnig geworden wie kurz vor ihm Cäsar. Die Berichte, die sie aus Ägypten bekommen, übertreffen alles, was sie bisher gehört haben: Antonius schwelgt und feiert wie vor ihm kein Römer. Der Luxus übersteigt ihre Vorstellungen. Marcus Annaeus Lucanus beschreibt die orientalische Prachtentfaltung – und er dürfte kaum übertrieben haben: »Die Decken im Palast sind geschnitzt und eingelegt, ihre Balken mit purem Gold verkleidet. Die Wände und Säulen aus makellosem Marmor umrahmen Wandplatten aus Onyx und Porphyr. Die Böden sind in einigen Sälen ebenfalls mit Onyx- und Alabasterplatten ausgelegt. Elfenbein ist in verschwenderischer Fülle verwendet. Ebenholz stellt ein ganz gewöhnliches Bauholz dar. Die mit Smaragden verzierten Türen sind mit Schildpatt beschlagen. In die Liegen und Sitze sind Edelsteine eingefügt. Jaspis und Karneol schmücken die meisten Möbel. Überall stehen Tische aus Elfenbein geschnitzt. Stoffe und Vorhänge besitzen die leuchtendsten Farben. Die Paläste sind bevölkert von außergewöhnlich schönen Sklaven: Äthiopier mit schwarzer Haut und dunklen krausen Haaren, Gallier und Germanen mit heller Hautfarbe und flachsblonden Haaren... Die Königin wird vom Gewicht ihres Schmuckes fast erdrückt. Durch den zarten sidonischen Stoff sind ihre weißen Brüste sichtbar...«

Oktavian braucht keinen Vorwand mehr, seine Legionen gegen Antonius in Trab zu setzen. Ganz Rom steht hinter ihm voll Zorn gegen den ›Staatsfeind‹.

Noch ist Antonius stärker. Militärisch hat er alle Trümpfe in der Hand, zumal er von der großen ägyptischen Flotte unterstützt wird. Doch in dieser letzten Phase zerstört die Liebe zu Kleopatra auch noch den Feldherrn Marcus Antonius. Er vergißt ihretwegen die letzten Begriffe von Ehre und soldatischer Pflicht. Als die Heerführer ihn drängen, endlich zu Lande gegen das schwächere Heer Oktavians vorzugehen, hört er auf Kleopatra, die eine Seeschlacht will. Wieder einmal beugt sich Antonius der ägyptischen Königin, worauf ihn ein Teil der Legionen verläßt und zum Gegner überläuft. Während der Seeschlacht in der Adria sieht Antonius Kleopatras Flotte davonsegeln. Er hat das so angeordnet. Doch jetzt, da sie enteilt, läßt er alles im Stich, seine eigene Flotte, sein Heer. Was kümmert es ihn noch, vor seinem Volk, vor der Geschichte als Feigling dazustehen. Er muß zu Kleopatra – und schwimmt ihr hinterher, weil er ohne sie nicht mehr leben kann und im Vergleich zu ihr alles für ihn wertlos erscheint.

Das ist das bittere Ende. Oktavian verfolgt die Liebenden. Antonius stürzt sich in sein Schwert, Kleopatra zerreißt ihre Kleidung, zerkratzt sich vor Schmerz das Gesicht und beschmiert sich mit seinem Blut. Sie läßt sich eine giftige Schlange bringen und folgt ihrem Geliebten in den Tod.

Ist jemals ein Mann mehr von einer Frau betört worden als Cäsar und Marcus Antonius von Kleopatra?

Darf es einen wundern, daß die Geschichtsschreiber seit 2000 Jahren darüber rätseln, wie das möglich war? Welche geheimnisvolle Anziehungskraft von dieser Frau ausgegangen sein muß?

Stimmen die Schilderungen ihrer Zeitgenossen – wobei man allerdings bedenken muß, daß kaum eine Frau der Geschichte mehr gehaßt wurde als sie, was ganz sicherlich ihr Bild verfälscht hat –, dann war Kleopatra keine makellose Schönheit, der man einfach verfallen mußte. Darstellungen auf alten Münzen zeigen eine Frau mit fast derben männlichen Zügen und einem mächtigen Stiernacken. Kein Bild zum Verlieben. Alle Zeugen scheinen sich darin einig, daß eine viel zu große lange Nase ihr Gesicht verunstaltete. Einige nennen sie klein, zartgliedrig, ihrem Wesen nach ungewöhnlich lebhaft, liebenswürdig, heiter – aber ebenso launisch.

Cäsar, so sagt man, war zunächst nicht von ihrer Schönheit berührt, sondern von ihrem sprühenden Witz, ihrer Originalität. Schon die erste Begegnung der beiden war alles andere als gewöhnlich: Weil Kleopatras Gegner, darunter ihr eigener Bruder, ihr nach dem Leben trachteten, ließ sie sich von einem Diener in einen Teppich eingewickelt zu Cäsar tragen. Sie rollte regelrecht vor seine Füße, wahrlich kein Auftritt in Prunk und Glanz. Doch er verriet Listigkeit, Einfallsreichtum.

Man darf wohl davon ausgehen, daß die Anziehungskraft der kleinen ägyptischen Königin auf die kampferprobten römischen Feldherren – Cäsar fesselte sie bis zu seiner Ermordung mehr als drei Jahre an sich, Antonius alles in allem insgesamt elf Jahre – vor allem in drei Besonderheiten bestand: im exotischen, fremdartigen Reiz der orientalischen Frau; in ihrer ungehemmten, verspielten Sinnlichkeit, die so gar keine Prüderie, keinerlei Zurückhaltung kannte, und in der Kunstfertigkeit, die Genüsse des Lebens, nicht zuletzt die Liebe, mit ›Zaubermitteln‹ zu verfeinern und ins Maßlose zu steigern. Cäsar und Antonius waren keine schwärmerischen jungen Burschen, die zum erstenmal einer wahren Frau begegneten. Beide hatte die ganze damalige Welt bereist und in Gallien, Spanien, Italien, Griechenland – auch im Orient – ganz gewiß ihre Erfahrungen gesammelt. Zu Tausenden hatten sie die schönsten Frauen ihrer Gegner als Kriegsbeute nach Rom geschleppt.

Doch Kleopatra, obwohl nicht die Schönste, hat alles, was ihnen bisher begegnet war und noch begegnen sollte, einfach ausgelöscht. Sie war für sie die Verführung, das Weib schlechthin.

Als Ägyptens Königin im Jahre 46 v. Chr. mit nie gesehenem Prunk in Rom einzog, gab es für die Römerinnen, die sich an den abgesperrten Straßen drängten, natürlich nur eine drängende Frage: Wie macht sie es, daß ihr selbst ein Cäsar zu Füßen liegt? Ist sie wirklich so einmalig, so unvergleichlich schön, oder besitzt sie nur einen gewissen Charme oder gar ausgekochte weibliche Raffinesse?

Als sie Kleopatra sahen, wußten sie Bescheid: Diese Frau, auf ihren Thron hingeräkelt wie eine edle, ungezähmte Wildkatze, einen betörenden Duft verbreitend, perfekt geschminkt, so daß man nur ihre großen, feuersprühenden Augen wahrnahm – sie beherrscht die Kunst der Verführung. Sie ist eine Schlange, deren Faszination man sich nicht entziehen kann.

Für Rom – und damit für das Abendland – begann eine neue Epoche der Schönheitspflege. Man schminkte sich wie Kleopatra, unterstrich die Augen wie sie mit pechschwarzen Stiften. Man badete ihrem Vorbild entsprechend in Eselsmilch und handelte ihre übrigen Schönheitsrezepte wie Kostbarkeiten.

Kleopatra soll tatsächlich – wahrscheinlich sogar jeden Morgen – in Eselsmilch gebadet haben. Es läßt sich leicht vorstellen, wie aufwendig es war, dieses ›Badewasser‹ täglich frisch zu beschaffen. Ihm verdankte Kleopatra aber eine unbestritten zarte, makellos reine und sehr helle Haut.

Niemand wird heute auf die Idee kommen, literweise Eselsmilch aufzutreiben, um es Kleopatra nachzutun. Das wäre auch überflüssig. Denn das Geheimnis der Eselsmilch ist gelüftet. Eselsmilch und in gleicher Weise Pferdemilch ist eines der wirksamsten Leberschutzmittel. Pferde und Esel besitzen nämlich keine Gallenblase. Die Fett- und Eiweißbestandteile ihrer Milch sind entsprechend so zusammengesetzt, daß sie von der Leber besonders leicht verkraftet werden können. Daran gibt es aber keinen Zweifel: eine schöne, reine Haut besitzt nur, wessen Leber und Nieren einwandfrei funktionieren. Entgiftung des Organismus ist die Grundvoraussetzung jeder Schönheit.

In wissenschaftlichen Untersuchungen ist nachgewiesen worden, daß Milch darüber hinaus wie kaum ein anderes Mittel für eine gute Durchblutung der Haut sorgt. Schließlich besitzt sie auch noch eine deutlich nachweisbare Wirkung gegen Viren und Bakterien. Anders gesagt: Wer jung, gesund, schön bleiben will, der sollte sich frischer, unbehandelter Milch bedienen, ob er ihre wertvollen Wirkstoffe nun trinkt oder sie über die Haut aufnimmt. Stutenmilch aber ist gerade in dieser Hinsicht wirksamer, noch gesünder als jede andere. Deshalb sind in den letzten Jahren viele Gestüte dazu übergegangen, sich auf Stutenmilch zu spezialisieren. Mit dieser Milch wird Leberkranken geholfen. Und diese Milch wird auch mehr und mehr wieder wie zur Zeit der Kleopatra in der Schönheitspflege verwendet. Man sollte allerdings darauf achten, daß man ganz frische, noch körperwarme, also keine tiefgefrorene oder pasteurisierte Milch bekommt. Empfehlenswert wäre – etwa im Frühjahr – eine Pferdemilchkur zu machen: Man trinkt drei Wochen lang täglich ein Glas Stutenmilch.

Noch im späten Mittelalter galt Muttermilch als eine besondere Kostbarkeit. Reiche Leute, die es sich leisten konnten, haben sie jungen Müttern abgekauft, um sie alternden Menschen als Heilmittel zu geben. Jeder Enkel mußte damals seine Nahrung mit der Großmutter und mit dem Großvater teilen, weil man wußte, daß diese Milch wunderbar jung macht. Fürsten hielten sich Ammen, die täglich wenigstens ein halbes Glas Milch abzuliefern hatten.

Die Wirkung der Milch ist leicht einzusehen: Mit der Milch gibt die Mutter Abwehrkräfte gegen alle Krankheitserreger, die das Kind bedrohen könnten, an dieses weiter. Wenn das Kind diese Milch trinkt, wird es nicht nur ernährt, sondern gleichzeitig auf natürliche Weise ›geimpft‹, gegen Erkrankungen stark gemacht. Die gleichen Abwehr- und Heilkräfte enthält aber auch die frische Milch der heimischen Tiere.

Eine Besonderheit stellt die Schafsmilch dar. Schafe können keinen Krebs bekommen. Es gibt keine krebskranken Schafe. Warum, das ist bisher noch nicht entdeckt worden. Aber soviel wußten die Alten schon: Wer Schafsmilch trinkt, kann unter Umständen von einer Krebserkrankung geheilt werden, weil sich in dieser Milch offensichtlich ein Krebsheilmittel befindet. Zu Kleopatras Zeiten gehört es zum Fastenritual, nach den kargen Tagen als erste Nahrung eine Schale ganz frische Schafsmilch zu trinken.

Übrigens: Wer es Kleopatra mit dem Bad in Eselsmilch gleichtun will, dem steht heute ein ganz einfaches

Mittel zur Verfügung, das dieselbe Wirkung erzielt: Molkebäder. Man kauft sich in der Apotheke Molkepulver und gibt es in das nicht zu heiße Badewasser. Ein Bad in der Woche reicht aus. Molkebäder sind sehr hilfreich bei allen Hautunreinheiten und Pilzerkrankungen.

Der Aloe-Gelee

Zum vielleicht wichtigsten Schönheitsrezept, das Königin Kleopatra mit nach Rom brachte, wurde bald der Aloe-Gelee. Kleopatra ließ aus den stacheligen Blättern der Pflanze das geleeartige Mark herauslösen. Es wurde mit Honig und Rosenwasser zu einer Creme verrührt.

Das tun auch heute noch viele Frauen genauso in Nordafrika und in Sizilien. Moderne Wissenschaftler haben bestätigt, daß die natürlichen Bestandteile dieses Hautpflegemittels die Haut schützen, reinigen, die Poren leicht zusammenziehen, so daß die Haut nicht zu rasch austrocknet. Außerdem wirkt die Creme heilend und beruhigend. Die Herstellung ist heute einfach.

Sie brauchen dazu:

5 Gramm Aloepulver
40 Milliliter destilliertes Wasser
20 Milliliter Rosenwasser
10 Gramm Honig
und 100 Gramm frisches Schweineschmalz

Rühren Sie das Aloepulver mit dem destillierten Wasser an. Aufpassen, es klumpt sehr leicht! Dann geben Sie Rosenwasser und Honig darunter. Am besten nehmen Sie den elektrischen Rührer. Passen Sie auf, daß das Fett nicht zu heiß wird. Fertig. Sie erhalten eine hellbraune Creme mit dem typischen, etwas herben Aloeduft. Keine Sorgen: Auf der Haut verflüchtigt er sich sehr rasch. Tragen Sie die Creme ganz dünn auf. Sie werden bald verspüren, wie die Haut warm wird und sich strafft. Die Aloe-Creme der Königin Kleopatra eignet sich hervorragend gegen Hautunreinheiten. Tupfen Sie einfach die Creme ganz dünn auf Pickel und Mitesser. Die Creme glättet Falten – unter den Augen und am Hals. Auch in diesem Fall ganz sparsam verwenden! Und sie ist unvergleichlich zur Pflege der Handrücken: jeden Abend leicht eincremen. Das bewahrt vor Warzen und bleicht Altersflecke.

Unser Tip: Stellen Sie beim ersten Versuch nur die Hälfte der angegebenen Menge her. Sie reicht weit.

Bereiten Sie sich die Aloe-Creme alle vierzehn Tage frisch, weil sie sich ohne Konservierungsstoffe nur begrenzt hält. Am besten bewahrt man sie im Kühlschrank auf – und zwar in einer gutverschlossenen Dose.

Noch ein Hinweis zur Herstellung: Das Schweineschmalz bindet sich nur vorübergehend an die übrigen Bestandteile und löst sich sehr rasch wieder davon. Das ist nicht schlimm, man braucht die ausgetretene Flüssigkeit nur jeweils wegzugießen.

Will man eine beständige Aloe-Creme herstellen, dann ersetzt man das Schweineschmalz durch Lanolin oder durch Ultrabas, das man in der Apotheke kaufen kann. Am besten nimmt man dann mengenmäßig etwas weniger.

Das Potenzstärkungsmittel der Kleopatra

Von Perlen, in Essig aufgelöst, war die Rede und von geheimnisvollen Liebestränken. Kleopatra hat sich darauf verstanden, die Lust im Manne zu wecken und seine

Potenz zu stärken — nicht nur indem sie sich selbst begehrenswert, verführerisch anbot und eine unwiderstehlich erotische Atmosphäre schuf mit Räucherwerk, sinnlichen Duftstoffen, schwüler Musik; sie verabreichte auch Anregungs- und Stärkungsmittel. Zumeist waren es Pulver, die sie in den Wein schüttete. Eines ihrer berühmten Potenzmittel, das noch an den Fürstenhöfen der Barockzeit erfolgreich benutzt wurde, war das Akeleipulver.

Es bestand aus:

5 Gramm Akeleiwurzel
5 Gramm Akeleisamen
1 kleine zerstoßene Perle
5 Gramm Johanniskraut

Diese Zutaten wurden zu einem feinen Pulver zerrieben und gut vermischt. Man gab eine Messerspitze des Pulvers in ein Glas Wein und trank morgens und abends je ein halbes Glas des Weines. Der Trank wurde vor allem impotenten, unfruchtbaren und älteren Männern verordnet.

Solche und ähnliche Rezepte gab es vor 2000 Jahren in Hülle und Fülle. Man verwendete selbst hochgiftige Pflanzen wie die Einbeere, Eisenhut, Schierling — und auch Rauschgifte aus Mohn und dergleichen.

Meistens sahen die Aphrodisiaka jedoch weit einfacher und ungefährlicher aus. Das Essen wurde scharf gewürzt, vor allem gut gepfeffert. Man gab den Männern viel Ingwer, Sellerie und — Quittengelee zu essen. Die Vorstellung war gar nicht so falsch, wie man heute wiederentdeckt hat: Alle Speisen, die den Bauch wärmen, also für eine gute Durchblutung des Leibs — und damit auch des Unterleibs — sorgen, stärken auch die

Potenz. Erst jüngst haben Wissenschaftler wieder entdeckt, daß viele vermeintlich psychische Störungen bei mangelhafter Potenz in Wirklichkeit Durchblutungsstörungen sind, hervorgerufen etwa durch ateriosklerotische Verengung der Bauchschlagadern.

Weihrauch-Salbe – Weihrauch-Milch

Wie schon zu Zeiten der Königin von Saba wurde im Ägypten der Pharaonen und später der Königin Kleopatra der Weihrauch nicht nur verbrannt, des leicht euphorisierenden Duftes wegen. Der eingetrocknete Milchsaft des Weihrauchbaumes, der in Arabien seinerzeit in kilometerlangen Wäldern angepflanzt wurde, galt als besonders wertvolles Heil- und Schönheitsmittel, aus dem man Hustensaft, Salben, Tinkturen herstellte. Hier zwei typische Weihrauch-Rezepte der Königin Kleopatra. Gegen Brandwunden und gegen Hautverbrennungen verwendete sie die Weihrauch-Salbe.

Dazu benötigte sie:

1 Teelöffel Weihrauch
¼ Pfund frisches Schweineschmalz,
besser noch Hammelfett

Der Weihrauch wurde zu einem feinen Pulver zerstoßen und in das Fett gemischt. Man rührte die Masse gut eine Viertelstunde lang, füllte sie danach in ein irdenes Gefäß, um sie im Notfall bereit zu haben.
  Diese Weihrauchsalbe wurde von den Ägypterinnen auch zur Aufhellung ihres Teints benutzt: Sie rieben sich Gesicht, Arme und Hände mit der Salbe ein.

Heute gilt die Salbe als hilfreiches Mittel auch bei Erfrierungen und Frostbeulen.

Zur Pflege der Brüste, speziell zur Festigung der Gewebe und der Heilung von Brustgeschwüren, nahmen die Ägypterinnen die Weihrauch-Milch.

Dazu brauchten sie:

1 Messerspitze Weihrauch
½ Tasse frische, unbehandelte Milch, am besten Schafsmilch oder Muttermilch

So wurde es gemacht: Der feinzerstoßene Weihrauch wurde in die Milch gerührt. Dann tunkte man ein Leinentüchlein in die Milch und legte dieses Tüchlein so lange auf die Brust, bis es trocken geworden war.

Malven-Heilsalbe

Originell war die eigentliche Heilsalbe der Königin Kleopatra. Sie ist zu ihrer Zeit gegen unreine Haut, Pusteln, Geschwüre aller Art verwendet worden.

Hier das Rezept. Man braucht:

Hühnerbrühe
1 Handvoll Gerstenmehl
2 Eßlöffel Malvenblüten und -blätter
2 Eidotter
etwas Veilchenöl und Safran

So wird's gemacht: Man kocht die Malvenblüten und -blätter mit dem Gerstenmehl so lange in der Hühnerbrühe, bis diese dick wird. Dann gibt man die beiden Eidotter, etwas Veilchenöl und den Safran bei und knetet das alles zu einem dicken Brei.

Diesen kann man nun direkt auf die Haut legen, um sie zu heilen, auf Pickel oder entzündete Stellen tupfen, oder man gibt die Salbe auf ein Leinentüchlein, das man dort auflegt, wo man mit seiner Haut Kummer hat – etwa auf die fleckig gewordenen Handrücken. Diese Salbe darf problemlos häufig angewendet werden.

Anis-Mundspülwasser

Kleopatra hat, wie alle Menschen in orientalischen Ländern das heute noch tun, viel Knoblauch verzehrt. Doch sie wußte auch, wie man den aufdringlichen, für viele abstoßenden Mundgeruch hinterher auf einfache Weise beseitigt. Sie nahm dazu Anis-Mundspülwasser.

Das braucht man dazu:

25 Gramm Anissamen
¼ Liter Alkohol, etwa 35prozentig

Man überbrüht den Anissamen mit etwa ½ Liter kochendem Wasser, deckt ihn zu und läßt ihn erkalten. Dann gießt man den Tee durch ein feines Sieb, drückt die Samen etwas aus und mischt schließlich den Tee mit dem Alkohol. Leicht, nicht zu fest durchschütteln.

Bewahren Sie diesen Anis-Geist in einer Flasche mit gefärbtem Glas auf. Nach dem Essen und immer dann, wenn Sie den Eindruck haben, Sie müßten Ihren Atem erfrischen, geben Sie etwa einen Teelöffel des Anis-Geistes in ein Glas Wasser und gurgeln damit.

Das hilft nicht schon unbedingt bei der ersten Anwendung, doch je besser, je häufiger Sie es versuchen. Mit der Zeit werden Sie auf dieses Mundwasser kaum mehr verzichten können, und Knoblauch stellt kein Problem mehr dar.

KATHARINA VON MEDICI

(1519 – 1589)

»Welche Not in Paris!
Der Glockenschlag am St. Bartholomäustag
wird sich tief in seine Seele eingravieren.
Wenn Mars in das Tierkreiszeichen
Widder überwechselt,
werden auch in Nîmes, La Rochelle,
Genf, Montpellier, Castres und Lyon alle
gegeneinander losgehen.
Und das alles wegen einer Frau!«

Aber was für eine Frau! Michel Nostradamus, der französische Arzt und Seher des 16. Jahrhunderts, hat diesen prophetischen Vers, zusammen mit drei, vier anderen, die sich mit demselben historischen Ereignis befassen, etwa zehn Jahre vor der blutigen Bartholomäusnacht niedergeschrieben – kurz, bevor die Frau, die er für alles verantwortlich machte, ihn persönlich in seiner Heimat Salon-de-Provence besuchte. Er wußte: Katharina von Medici, die Frau, die er wohl mehr als jede andere bewunderte und verehrte, der er so unendlich viel zu verdanken hatte, wird in die Geschichte eingehen als die Schlächterin der Hugenotten. Alles, was sie für Frankreich geleistet hat, wird verblassen neben der scheußlichen Bluttat, die in wenigen Stunden rund 20000 Menschen das Leben kostete. Die Vorhersage des Nostradamus war sehr präzise: Beim Glockenschlag drei Uhr in der Nacht, so hatte Katharina mit ihren Leuten verabredet, sollte der vernichtende Schlag gegen die Protestanten ausgeführt werden. Die Pariser Mordnacht löste ähnliche Bluttaten in vielen anderen Hugenottenstädten aus. Und das alles nur, weil Katharina, die Regentin über Frankreich, um ihren eigenen Kopf bangen mußte! Katharina von Medici war gewiß nicht nur für den Seher eine der interessantesten, umstrittensten, tragischsten Frauenfiguren der Weltgeschichte überhaupt: Von Geburt an Waise, als Kind schon, weil einziger legitimer Medici-Sproß, umworben und verfolgt; hinter Klostermauern versteckt, großgezogen unter der Vormundschaft des Papstes, der ihr Vetter war; mit vierzehn Jahren der großen internationalen Politik wegen mit dem Sohn des französischen Königs verheiratet, ebenfalls ein Kind, nur wenige Tage älter als sie selbst; zehn Jahre lang kinderlos, während ihr Mann bis zu seinem Tod eine mütterliche Geliebte hatte, die zugleich sie selbst beherrschte und ihr Leben bis in die intimsten Details bestimmte; mit achtundzwanzig Königin von Frankreich an der Seite König Heinrichs II.; in nur zwölf Jahren zehnmal Mutter; mit vierzig Jahren Witwe, Mutter des erst 15jährigen Königs; mit zweiundvierzig Jahren, nach dem Tod des ältesten Sohnes, Regentin über Frankreich im Namen des zehnjährigen Sohnes Karl IX.; fortan in schlimmsten Zeiten für rund dreißig Jahre lang ungekrönte Herrscherin über ein Volk, das in ihr nur die florentinische Händlerstochter sehen wollte, in einem Land, zerrissen von heftigen Religionskriegen, bedroht vom König von Spanien, vom deutschen Kaiser und von Englands Elisabeth...

Soweit man es alten Bildern entnehmen kann, war sie nicht gerade eine außergewöhnliche Schönheit. Ihr zu breites Gesicht wurde beherrscht von der markanten Medici-Nase. Die hervorquellenden, zusammengekniffenen Augen hatten etwas Lauerndes an sich und verrieten Argwohn und Mißtrauen. Der harte Mund ließ Bitterkeit und Enttäuschung erkennen. Der Mode der damaligen Zeit entsprechend trug Katharina von Medici die steife leinerne Halskrause und auf dem kurzgelockten Haar, weit in die Stirne gezogen, stets eine Kopfbedeckung, die an eine Schwesternhaube erinnert. Das kostbare, aber eher farblose Kleid, eine Mischung aus langem Dirndl und Klostertracht, verlieh ihr schon in jungen Jahren etwas Matronenhaftes. Alles in allem wahrhaftig nicht unbedingt ein aufregendes oder gar liebliches Bild. Doch es entsprach genau der unvorstellbar einflußreichen Rolle, die Katharina ihr Leben lang spielte: Zentrale Mutterfigur des Abendlandes.

Folgt man ihren Spuren, begegnet man allen berühmten Namen jener wirren, schlimmen Zeit. Katharina war mit jedem verwandt oder verschwägert. Geboren in Florenz, hatte sie den prachtvollen Renaissance-Fürsten Lorenzo II., Herrscher über Florenz und Herzog von Urbino, zum Vater, einen der maßgebenden Köpfe Italiens. Päpste und Kardinäle waren ihre Onkel und Neffen. Einer ihrer Schwiegersöhne war der düstere König von Spanien, Philipp II., der mit seiner Armada versuchte, England zu besiegen. Angeblich war auch sein Sohn und Thronfolger Don Carlos – der Dichter Friedrich von Schiller hat ihm mit seiner Tragödie ein Denkmal gesetzt – in Katharinas Tochter Elisabeth verliebt.

Maria Stuart, die tragische Königin von Schottland, ebenfalls zur literarischen Figur in einem Schiller-Drama geworden, gehörte zu den Schwiegertöchtern – ebenso wie Elisabeth von Österreich, eine Tochter des deutschen Kaisers.

Nachdem Katharinas Mann, der französische König Heinrich II., in einem Turnier eine tödliche Verletzung erlitten hatte, folgten nacheinander drei Söhne Katharinas auf dem französischen Thron, Franz II., Karl IX., Heinrich III., schließlich ihr Schwiegersohn Heinrich IV. Zwischen 1559 bis zu ihren Tod 1589 zog die Mutter und Schwiegermutter die Fäden im politischen Ränkespiel an nahezu allen europäischen Fürstenhöfen. Nur in England hatte sie mit Maria Stuart auf das falsche Pferd gesetzt. Doch beinahe wäre es ihr auch noch gelungen, diesen Fehler zu korrigieren und Königin Elisabeth zur Schwiegertochter zu bekommen.

Katharinas Zeit war die Ära der blutigen Dolche und der heimtückischen Gifte. Menschen, die im Wege standen, wurden bei Nacht und Nebel erstochen oder an üppigen Tafeln vergiftet. Damals mußte man sogar mit Wäschestücken vorsichtig sein. Denn auch sie konnten, mit einem Kontaktgift versehen, tödlich sein. Ähnlich wie ihre berüchtigte Landsmännin Lukrezia Borgia soll Katharina von Medici die Kunst der Giftzubereitung perfekt beherrscht haben. So wurde beispielsweise behauptet, sie habe die Geliebte ihres Schwiegersohnes, König Heinrichs IV., mit einem vergifteten Handschuh umbringen lassen. Die Gerüchte, die Königinmutter wäre auch am frühen Tod ihrer eigenen Söhne auf dem Königsthron nicht ganz unbeteiligt gewesen, wollten niemals verstummen. Denn diese Söhne lebten nicht mehr lange, sobald sie sich den Anordnungen ihrer starken Mutter zu widersetzen wagten. Franz II. regierte nur knapp zwei Jahre und starb vermutlich an einer Tuberkulose. Karl IX. war vierzehn Jahre lang König. Er starb, nicht lange nach der berüchtigten Bartholomäusnacht, in der seine Freunde umgebracht wurden, mit vierundzwanzig Jahren an einer bis heute nicht geklärten Krankheit. Fiel er dem mütterlichen Gift zum Opfer? Heinrich III. überlebte seine Mutter um wenige Monate. Er wurde von einem fanatischen Mönch ermordet. Vor allem auf ihn, ihren Lieblingssohn, hatte Katharina große Hoffnungen gesetzt. Er hatte sie mehr als alle anderen enttäuscht.

Es ist schon möglich, daß die Mordanschuldigungen von ihren zahllosen Feinden unters Volk gestreut wurden. Doch dieses zögerte keinen Augenblick, daran zu glauben.

Denn zum Gefolge, das Katharina als vierzehnjährige Braut aus Florenz nach Paris mitgebracht hatte, gehörten zwei kunstfertige Alchimisten; René, der Parfumeur, der später in Paris ein Parfumgeschäft eröffnet und damit die Pariser Parfumerie begründet hat. Der zweite ›Magier‹ war Cosme Ruggieri, Sterndeuter und Meister der Destillierkunst und persönlicher Berater Katharinas. Hoch oben in einem eigens erbauten Turm ihres Schlosses in Chaumont war für ihn ein Observatorium und eine ›Hexenküche‹ eingerichtet. Gemeinsam beobachteten die Königin und ihr Magier die Sterne. Gemeinsam versuchten sie sich in der Herstellung neuer Elixiere, Wundermittel für Schönheit und Gesundheit – warum nicht auch Gifte? Katharina war eine Medici, überzeugt davon, daß die fünf Kugeln im väterlichen Wappen – Pillen darstellen.

Die französische Königin hielt auch engen Kontakt zum berühmten Arzt und Seher Michel Nostradamus. Am 15. August 1556 wurde er am königlichen Hof empfangen. Acht Jahre später reiste Katharina mit ihren Söhnen, König Karl IX., Heinrich und mit dem Prinzen Heinrich von Navarra, der ihr Schwiegersohn werden sollte, durch ganz Frankreich hinunter nach Salon-de-Provence, um dort Nostradamus zu konsultieren. Sie ist es gewesen, die schützend die Hand über diesen ungewöhnlichen Geist hielt und ihn davor bewahrte, auf dem Scheiterhaufen verbrannt zu werden. Von Nostradamus, der den Unfalltod ihres Mannes vorausgesagt hatte, wollte sie die eigene Zukunft und die ihrer Kinder erfahren. Von ihm ließ sie sich aber auch Rezepte geben, die sie mit großem Eifer sammelte. In einem Gemälde im Schloß de l'Emperi in Salon-de-Provence ist die Szene ihrer Begegnung festgehalten. In der Mitte thront die Königinmutter, umgeben von ihrem Hofstaat. Hinter ihr steht der jugendliche König, ein schmächtiger Jüngling, erst vierzehn Jahre alt. Im Vordergrund untersucht Michel Nostradamus den kleinen Prinzen von Navarra. Er legt dem halb ausgezogenen Jungen die Hand auf, während die andere in einem aufgeschlagenen Medizinbuch liegt.

Man darf annehmen, daß die fünfundvierzigjährige Katharina vom berühmten Arzt aber auch Mittel für das eigene Wohlergehen und die eigene Körperpflege bekommen wollte, daß sie ihre Erfahrungen bei eigenen Experimenten mit ihm austauschte, wahrscheinlich sogar magische Geheimnisse mit ihm besprach. Die Begegnung muß zu ihrer vollen Zufriedenheit verlaufen sein. Michael Nostradamus wurde zum königlichen Leibarzt ernannt und mit 300 Goldtalern belohnt. Für damalige Verhältnisse war das ein Vermögen.

Man wundert sich, woher Katharina die Zeit nahm, sich neben den Regierungsgeschäften noch mit Fragen der Gesundheit und der Schönheit zu befassen. Doch auf keinem anderen Gebiet hat sie tatsächlich Größeres geleistet – nicht nur weil es ihr besondere Freude bereitet hat. Sie war auch dazu gezwungen. Von Anfang an.

Es begann schon kurz nach ihrer Eheschließung mit Heinrich, einem sehr robusten, ziemlich ungehobelten Haudegen. Katharina hatte sich als minderjähriges Mädchen damit abzufinden, daß dieser Mann, ihr Mann, einer überaus schönen, reifen Frau hörig war. Diana von Poitiers, seine Geliebte, war fast zwanzig Jahre älter als der König und die Königin. Und sie beherrschte alle Künste der Betörung, alle Spielarten der Erotik in perfekter Weise. Diana hielt sich keineswegs im Hintergrund, sondern beherrschte den französischen Hof im Stil der großen Mätressen. Wenn Könige oder selbst der Papst den König und die Königin beschenkten, vergaßen sie niemals Diana von Poitiers. Niemand wollte es riskieren, sich diese Frau zur Feindin zu machen. Diana bestimmte sogar, wann der König bei Katharina schlafen durfte. Sie hatte den Schlüssel zu Katharinas Privatgemächern und damit jederzeit Zutritt und genaue Kontrolle.

Eine schwächere Frau, zumal so jung und unerfahren wie Katharina, wäre an solchen Zuständen wohl zerbrochen. Nicht Katharina von Medici. Sie kämpfte um die Liebe ihres Mannes. Und wenn es ihr auch niemals gelang, die Rivalin auszuschalten, so vermochte sie doch, den König auf ihre Weise an sich zu fesseln und neben ihm ihre Position als Königin zu festigen. Die Geschichtsschreiber sind sogar überzeugt davon, daß ihr Einfluß auf Heinrich von Jahr zu Jahr stieg, daß er sie zuletzt wahrscheinlich sogar mehr geliebt hat als seine Mätresse. Katharina von Medici war klug genug zu wissen, daß sie vom Aussehen her mit der schönen Diana nicht konkurrieren konnte. Die Geliebte des Königs vermochte mit ihren glühenden Augen, einem blütenreinen Teint und einer makellosen Figur jeden in ihren Bann zu schlagen. Außerdem verstand sie es, mit Bädern, mit kalten und warmen Wasseranwendungen ihre körperliche Attraktivität zu steigern und blendend in Form zu bleiben.

Dagegen hätte Katharina niemals ankommen können. Sie nahm den Wettkampf auf — mit Duftstoffen und Elixieren. Sie hatte die Jugend auf ihrer Seite und ersetzte, was ihr an Schönheit abging, mit exotischer Raffinesse. Sie verführte den König mit unwiderstehlicher und immer wieder neuartiger Weiblichkeit, die alle seine Sinne gefangennahm.

Selbstverständlich gab sich schon das kleine Mädchen Katharina keinen Illusionen hin. Sie wußte, daß ihr das

Schicksal nur eine einzige Aufgabe zugedacht hatte: Sie mußte dem 250 Jahre alten französischen Königsgeschlecht, den Valois, den Thronfolger schenken. Sie war eine besondere Art ›Zuchtstute‹ – wenigstens in den Augen ihrer neuen, fremden Umgebung.

Doch gerade auf diesem Gebiet versagte sie zehn Jahre lang. Ihre Position war damit längst äußerst bedroht. Am königlichen Hof lästerte man über die nichtsnutzige Italienerin. Und ganz sicher hätte auch der König nicht gezögert, seine unfruchtbare Frau zu verstoßen oder gar aus dem Weg zu räumen, um eine bessere Partie einzugehen und das Königsgeschlecht zu retten, hätte er Katharina nicht so sehr geschätzt und auch geliebt. Die Medici am französischen Hof verzweifelte nicht ihrer Kinderlosigkeit wegen. Sie suchte nach einem Heilmittel, sie zu beseitigen. Sie nahm Zuflucht zu natürlichen Heilmitteln und zu den ›Zauberformeln‹ ihrer Magier.

Und sie schaffte es – wie ihre zehn Kinder zeigen, von denen sieben groß wurden.

In späteren Jahren war Katharinas Hof berühmt – der vielen auserlesenen schönen Mädchen wegen, die die Königin um sich versammelte. Es handelte sich dabei keineswegs um ›leichte‹ Mädchen, wie immer wieder behauptet wurde, die Katharina gezielt einsetzte, politische Größen ins Garn zu locken. Vielmehr versuchte Katharina, besonders attraktive Frauen zur Keimzelle einer neuen französischen Kultur zu formen. Diesen Frauen brachte sie höchstpersönlich bei, wie man sich vorteilhaft kleidet, frisiert, die persönliche Schönheit unterstreicht und herausstellt. Die jungen Frauen lernten, sich gebildet zu unterhalten, kokett aufzutreten, sich zu pflegen, zu schminken, zu pudern, vor allem aber auch, sich gesund zu ernähren und einfache

Schönheits- und Gesundheitsmittel anzuwenden. Damit allerdings waren sie dazu ausersehen, gute Partien zu werden, um die sich die Edelleute des Landes und die Fürsten des Auslandes rissen. Wer von Katharina erwählt war, durch ihre Schule zu gehen, hatte sein Glück gemacht.

So wurde es zu ihrer Zeit beispielsweise, ausgehend vom königlichen Hof, landauf, landab in ganz Europa Mode, die Haut mit frischem Gurkensaft zu pflegen. Überall wurden plötzlich Gurken angepflanzt. Die Pflanze stieg im Preis und wurde schließlich sogar zur Kostbarkeit. Alle Frauen wollten − mit Hilfe von Gurken − so schön sein wie die Hofdamen Katharinas.

Das Gesichtswasser der Königin

Dieses Schönheitsrezept war der große Hit des 16. Jahrhunderts. Speziell in Südfrankreich ist ›Das Gesichtswasser der Königin‹ das Hautpflegemittel schlechthin geblieben.

Die Zutaten:

1 kleine oder die Hälfte einer großen Salatgurke
100 Milliliter Rosenwasser
30 Milliliter Zitronensaft
10 Milliliter Mandelöl

Man besorgt sich eine reife Gurke. Das ist wichtig: Sie sollte nicht mehr grün sein, wie sie bei uns normalerweise angeboten und verspeist wird, sondern gelb-reif. Wenn grüne Gurken verwendet werden, müssen sie geschält werden. Reife Gurken kann man mitsamt der Schale verwenden.

Die Gurke wird mit einer Glasreibe gerieben (wie man Äpfel reibt). Das Mus preßt man durch ein Tuch – und zwar möglichst kräftig. Dann gibt man das Rosenwasser, den Zitronensaft (30 Milliliter sind etwa 3 Eßlöffel voll) und das Mandelöl (ungefähr 1 Eßlöffel) hinzu.

Am besten bringt man diese Bestandteile gleich in einer Flasche zusammen. Denn sie müssen kräftig miteinander verschüttelt werden. Man sollte drei, vier Minuten lang schütteln und nach einer Pause noch einmal für wenigstens eine Minute.

Das Gesichtswasser wird in einer Flasche mit getöntem Glas aufbewahrt, damit es vor Licht geschützt ist. Weil sich das Öl bald wieder von den übrigen Zutaten absetzt, muß das Gesichtswasser vor jedem Gebrauch erneut kurz aufgeschüttelt werden. Katharina von Medici benützte dieses Mittel für eine gesunde, schöne Haut jeden Morgen. Sie gab die Anweisung, daß es leicht in die vorher gut gereinigte Haut einmassiert wird.

Dieses Gesichtswasser verwendet man sehr sparsam. Es hält die Haut wunderbar zart und bewahrt sie vor dem Austrocknen. Das Mittel der Königin Katharina von Medici eignet sich ebenso für sehr junge, unreine Haut wie auch für die zu trockene Haut in späteren Jahren. Besonders wichtig ist die Anwendung nach zu ausgiebigem Sonnenbad und in kalt-feuchten Jahreszeiten.

Dieses Rezept ist typisch für Katharina von Medici und ihre Zeit: Man kann niemals genau unterscheiden, handelt es sich um Kosmetik oder um Heilkunst. Damals hat man diese Unterscheidung nicht gekannt. Für den Menschen des ausgehenden Mittelalters war es selbstverständlich: Schön kann nur sein, was absolut gesund ist. Deshalb ist jedes Pflegemittel zugleich Heilmittel – und umgekehrt.

Von Katharinas Schützling Michel Nostradamus ist uns eine Rezeptsammlung erhalten. Sie heißt: ›Die wahre und perfekte Verschönerung des Gesichtes und die Pflege des ganzen Körpers, mit zahlreichen geheimen, sehnlichst erwarteten, bisher unveröffentlichten Rezepten. Der zweite Teil enthält Anleitungen zur Herstellung von Konfitüren und Gelees.‹

Nostradamus verfaßte diese Schrift als Arzt. Er befaßt sich darin mit der Herstellung von Seifen und Cremes gegen Hautunreinheiten. Neben Verjüngungsmitteln finden sich aber auch Rezepte zur Rückgewinnung einer noblen hellen Haut, Haarfärbemittel, natürliche Parfüms und Aphrodisiaka. Das kleine Buch ist Kochbuch, Kosmetikanleitung und Arzneibuch in einem. Ganz selbstverständlich. Gesunde Nahrung galt als die wirksamste Medizin. Gesundheit und Glück ließen sich für den damaligen Menschen von natürlicher Schönheit, einer gepflegten Haut und einem angenehmen Duft, der ihr entströmte, nicht trennen. Häßlichkeit und Gestank dagegen wurden gleichgesetzt mit krank und verdorben.

Der Schönheits-Rosenessig

Zur Zeit der Katharina von Medici ist die Mode aufgekommen, ein Fläschchen mit einem köstlich duftenden Essig bei sich zu tragen. Wenn der Dame in stickigen Räumen, oder weil sie zu eng geschnürt war, übel wurde, holte sie das Fläschchen hervor, um kurz, aber kräftig daran zu riechen. Bei Kopfschmerzen oder Schweißausbrüchen betupfte man Stirn und Schläfen mit dem Essig. Wurde jemand ohnmächtig, hielt man ihm das Fläschchen unter die Nase.

Den Essig aber benutzte man gleichzeitig auch als das eigentliche Desinfektionsmittel. Obwohl man seinerzeit noch nichts wußte von Bakterien und Viren, gab es doch die Angst vor der Ansteckung. War man erkältet, dann bestrich man die Nase und ihre Umgebung mit dem Duftessig. Hatte man einem Fremden die Hand gegeben, zerrieb man einige Tropfen des Essigs auf den Fingern. Gegen Flohstiche und andere Hautschäden hatte man ebenfalls nur das eine Mittel: den Kräuteressig.

Eine von den vielen Essig-Sorten, die sich beliebig variieren lassen, ist Katharinas Rosenessig.

Man braucht dazu:

Die Blütenblätter von roten Rosen – und zwar so viel, daß man eine Literflasche damit füllen kann, ohne die Blätter fest hineinzustopfen.

½ Liter Obstessig, möglichst Apfelessig oder dieselbe Menge eines guten, echten Weinessigs.

Den Essig gießt man über die Rosenblätter. Man muß gelegentlich nachfüllen, weil die Rosenblätter erst nach und nach Platz machen.

Die Flasche wird dann gut verschlossen und drei bis vier Wochen lang – je nach Witterung – an die Sonne gestellt.

Danach gießt man den Essig ab, schüttelt auch die Rosenblätter aus der Flasche und preßt sie gut aus.

Diesen wunderbar duftenden Essig kann man zuletzt noch mit einer halben Tasse abgekochtem, aber wieder kalt gewordenem Wasser verdünnen, sollte er für den persönlichen Geschmack zu kräftig geworden sein. Doch meistens ist das nicht nötig. Wer es geschmacklich mag, kann den Essig auch zur Zubereitung von Salaten benützen. Vor allem an Gemüse-Salaten (Gurken, Kraut, Karotten etc.) schmeckt er vorzüglich.

Die eigentliche Verwendung des Essigs könnte aber der Hautpflege dienen: Man betupft Pickel und Hautunreinheiten allgemein, kleine Narben oder auch unschöne Hautverfärbungen. Außerdem eignet sich der Duftessig zur Aufmunterung der Lebensgeister: Bei großer Müdigkeit, Nervosität, geistigem Abfall belebt das Riechen am Rosenessig.

Der Rosenessig kann nun aber auch beliebig variiert werden. Dann nimmt man statt der Rosenblütenblätter Lavendelblüten (dieser Essig beruhigt eher), Fliederblüten (wecken auf, stärken die Konzentrationsfähigkeit), Melisse (stärkt die Nerven), Veilchenblüten (kräftigen den Kreislauf). Bei den Veilchen muß man die violetten Blättchen aus dem grünen Kelch herausziehen. Es werden nur die Blättchen verwendet.

Katharinas Jugendtee

Dieses Rezept hat Katharina den jungen schönen Damen ihres Hofes, ihren Schützlingen, besonders nachdrücklich ans Herz gelegt. Der Jugendtee wird heute noch in Frankreich, vor allem in Südfrankreich getrunken – so merkwürdig es sich anhören mag.

Man braucht:

1 kleinen Kopfsalat
2 – 3 frische Krautblätter

Und so wird's gemacht:
   Man gibt den ganzen Kopfsalat, von allen unschönen Blättern befreit, und die Krautblätter in einen Kochtopf und füllt diesen so mit Wasser an, daß der Salat in etwa bedeckt ist.

Das läßt man nun auf kleiner Flamme und nur ganz kurz aufkochen. Man läßt den ›Tee‹ mit dem Salat und dem Kraut auf Trinktemperatur abkühlen und trinkt davon jeden Abend vor dem Schlafengehen ein Glas voll lauwarm.

Das ist eine Vitaminquelle – und ein Schlaftrunk in einem, ein vorzügliches natürliches Heil- und Verjüngungsmittel, den Frauen besonders zu empfehlen. Im Salat befinden sich neben zahlreichen Vitaminen Metalle, vor allem Kupfer und Eisen, und Mineralien. Salat enthält aber auch eine Beruhigungsdroge, die schon den alten Griechen bekannt war und von ihnen hochgeschätzt wurde. Im alten Rom verspeiste man als Schlafspeise eine Portion Kopfsalat. Der Drogen-Extrakt aus dem Salat findet sich auch heute in vielen Hustenmitteln.

Das Kraut war für Ärzte wie Paracelsus schlicht ein Allheilmittel, das eingesetzt wurde, wenn sonst nichts mehr helfen wollte. Kraut enthält unter anderem das wichtige Magnesium, das vor Herzinfarkt und Schlaganfall schützt.

Das Eisen-Fußbad der Königin

Im 16. Jahrhundert hatte man noch keine Ahnung davon, daß Blutarmut mit Eisenmangel zusammenhängen könnte. Doch man kannte ein Mittel gegen die ›Bleichsucht‹ – und das war der Versuch, dem Körper auf ganz natürliche Weise Eisen zuzuführen. Offensichtlich ist dieses Rezept, aus mehr oder weniger zufälligen Beobachtungen hervorgegangen, von Katharina gefördert und weiteren Kreisen bekannt gemacht worden: das Eisen-Fußbad.

Katharina hatte man erzählt, daß die Bauersfrauen, wenn sie unter Blutarmut litten, bleich und kraftlos waren, zum Dorfschmied gingen, um mit beiden Beinen in das Wasser zu steigen, in dem er die glühenden Hufeisen löschte. Und man hatte ihr auch berichtet, daß dieses ungewöhnliche Bad sehr hilfreich sein soll. Also ließ sie es ausprobieren. Mit Hilfe ihres ›Zauberers‹ schuf sie folgendes Rezept.

Man braucht:

Einen hölzernen Kübel
Regenwasser
ein Stück Eisen, und wäre es nur ein großer Nagel
zwei Handvoll Malvenblüten und -blätter

Den Holzkübel stellt man an Regentagen auf den Balkon oder in den Garten, bei schönem Wetter wird er zugedeckt.

Hat sich in dem Kübel ausreichend Regenwasser angesammelt, bringt man ein Stück Eisen zum Glühen. Am einfachsten ist es, mit einer Zange einen Nagel in die Gasflamme zu halten. Sobald er weißglühend ist, wirft man den Nagel in das Regenwasser, bringt einen zweiten, eventuell auch einen dritten Nagel zum Glühen und wirft ihn ebenfalls in das Regenwasser. Dann gibt man die Malvenblüten und -blätter hinzu, rührt kurz um und steigt mit beiden Füßen in das Wasser. Das Bad darf zwei, drei Minuten dauern. Sollte das Wasser zu kalt sein, wärmt man es mit etwas heißem Wasser an.

Katharina gibt nun die ausdrückliche Anweisung: Trocknen Sie nach dem Bad die Füße und Beine nicht ab, denn die ›Kraftteilchen‹, die sich auf die Haut gesetzt haben, würden weggewischt. Gehen Sie hin und her, bis die Füße von selbst trocken geworden sind.

Das Haarshampoo à la Medici

Die Haare wusch man am französischen Hof – und da war Katharina nun schon ganz Französin, nicht mehr Italienerin – mit Ei und Kognak. Und man hatte ein eigenes Ritual dazu erfunden. Vor Sonntagen und Feiertagen fanden sich die Damen zur großen Haarwäsche im Badehaus zusammen. Dann wurde zunächst das Shampoo hergestellt.

Dazu braucht man pro Haarwäsche:

2 Eigelb
2 Schnapsgläschen Kognak oder Branntwein
Duftessig (siehe Rezept: Schönheits-Rosenessig)

Die Eigelb und der Kognak werden gut miteinander verrührt – am besten mit dem Finger. Die Haare werden dann zunächst gut naß gemacht. Man nimmt etwas vom Kognak-Ei-Gemisch auf die Hand und verteilt es gleichmäßig auf das ganze Haar.

Kurz einwirken lassen, sanft in die Kopfhaut einmassieren. Dann wird gespült und das Ganze noch einmal wiederholt.

Nach der zweiten Wäsche muß besonders gründlich gespült werden, damit keine Shampooreste im Haar zurückbleiben. Nehmen Sie kein zu heißes Wasser, sondern nur lauwarmes.

Wenn das Haar vom Shampoo befreit ist, gibt man einen Eßlöffel Rosen-Duftessig in einen Liter lauwarmes Wasser und gießt dieses so über das Haar, daß auch die Spitzen noch etwas davon abbekommen. Dieser Nachguß verleiht dem Haar Glanz und Duft. Er wird nicht mehr ausgewaschen. Nicht zu warm fönen, sonst wird das Haar zu rasch wieder fettig.

KATHARINA DIE GROSSE
Kaiserin von Rußland

(1729 – 1796)

»Schön kann man sie nicht nennen.
Die Figur ist schlank und rassig, aber steif,
die Haltung vornehm, aber der Gang geziert
und ohne Anmut,
die Brust schmal, das Gesicht lang,
insbesondere das Kinn. Sie lächelt unaufhörlich.
Der Mund ist verkniffen, die Nase leicht gebogen.
Die Augen sind klein. Ihr Blick ist sympathisch.
Das Gesicht ist pockennarbig –
eher hübsch als häßlich,
aber keine heftigen Gefühle auslösend,
die Gestalt von mittlerer Größe und ziemlich mager.«

Nicht gerade schmeichelhaft ist das Bild, das der französische Sekretär Favier von der Frau zeichnete, der er durch Jahrzehnte diente. Doch zeitgenössische Darstellungen der Kaiserin Katharina der Großen, Herrscherin aller Reußen, belegen, daß der wenig charmante Franzose der Wahrheit offensichtlich ziemlich nahe gekommen ist. Katharina besaß zwar keine Pockennarben, wie er behauptete. Von den Pocken ist sie verschont geblieben. Doch selbst auf den offiziellen und sicherlich leicht idealisierten Porträts sind Hautunreinheiten unübersehbar angedeutet. Die Bilder zeigen auch keine kleinen, sondern im Gegenteil sehr helle, große, man möchte fast sagen faszinierende Augen. Das Kinn der Kaiserin war gewiß lang. Im Alter soll es spitz, vorspringend geworden sein. Doch die ›Länge‹ des Gesichts resultierte hauptsächlich aus der ungewöhnlich hohen Stirn. Ob ihr Mund tatsächlich ›verkniffen‹ war, wenn sie doch – was auch von anderer Seite immer wieder betont wird – ständig lächelte? Richtig ist zweifellos: Der Mund war zwar voll, sinnlich ausgeprägt, aber auffallend klein. Der sehr schmale, fast asthmatische Oberkörper unterstrich die stark abfallenden Schultern.

Gewiß, Katharina die Große war keine blendende Schönheit, von der man hätte hingerissen sein müssen. Um so mehr muß man sich fragen, wie diese zarte, in ihrem Auftreten wohl ziemlich hochmütige Person, die so weit entfernt war vom russischen Schönheitsideal und gar nicht dem Bild des guten Mütterchens entsprach, es schaffen konnte, die Herrschaft über das Riesenreich zu gewinnen, in dem sie eine Fremde war – und vierunddreißig Jahre lang ungefährdet zu behalten, so daß man sie am Ende gar als die Große und als »die gute Mutter des Vaterlandes« bezeichnete?

Ihr Geheimnis lag zweifellos in einer gewinnenden Ausstrahlung, in einem herben, aber bezaubernden Charme, der speziell auf Männer doch wesentlich stärker gewirkt haben muß, als der Sekretär zugeben wollte. Dazu kamen für damalige Zeiten große Bildung und Klugheit, vor allem aber ein leidenschaftlich starker Wille, der es möglich machte, das Schlimmste, was einer Frau zugemutet werden kann, im Hinblick auf das gesteckte Ziel zu ertragen, ohne unterwegs zu verbittern, ohne die Geduld zu verlieren und an sich selbst irre zu werden.

Ganz typisch für Katharinas Lebenseinstellung war ihr Wahlspruch: »Nichts dient einem in dem Maße, wie man sich selbst dient.« In diesem Sinne wurde nicht zuletzt der Mangel an ebenmäßiger Schönheit für sie zur großen Herausforderung.

Ein Schicksal wie das der großen Katharina ist heute kaum mehr zu begreifen: Geboren als Prinzessin in Pommern, als Kind des Fürsten Christian August von Anhalt-Zerbst, einem preußischen Generalmajor, und der ganz schrecklich ehrgeizigen Mutter Johanna Elisabeth von Holstein-Gottorp, hatte Sophie, so hieß Katharina ursprünglich, keinen Grund, an das Leben große Erwartungen zu knüpfen. Ihre Familie war verarmt, unbedeutend. Eine glänzende Partie schien unmöglich. Doch die Mutter wollte ihr Kind ganz nach oben bringen, gleichgültig, ob es dabei glücklich würde oder nicht. In der Familie gab es Verwandte, die einen Anspruch auf die schwedische Königskrone hatten. Warum sollte die kleine Sophie, wenngleich nicht unbedingt schön, aber doch sehr lieb, nicht Königin von Schweden werden?

Da war auch, noch eine Stufe höher, ebenfalls aus Holstein stammend, also fern verwandt, zugleich aber auch Enkel des Zaren Peter des Großen, ein junger Mann, Karl Peter Ulrich. Ihn hatte seine Tante, die Zarin Elisabeth I., nach Rußland geholt. Er sollte ihr auf dem Zarenthron folgen, weil sie selbst unverheiratet war und keine eigenen Kinder hatte. Dieses ›Kind von Kiel‹, wie man den russischen Thronfolger nannte, nur ein Jahr älter als die kleine Sophie, war kleingewachsen, kränklich und auch seelisch und geistig alles andere als gesund. Doch das konnte Sophies Mutter nicht daran hindern, ihre Tochter der Zarin als Frau des Thronfolgers anzubieten. Das Schicksal hatte es so gefügt, daß die Zarin selbst in jungen Jahren einmal in einen Onkel von Sophie verliebt gewesen war. Sie mochte das Haus Holstein. Da sie zudem vom französischen Königshaus eine Abfuhr bekommen hatte und sich auch der preußische König für Sophie stark machte, war sie geneigt, sich das Kind aus Pommern einmal anzusehen. Sie fand es ›bezaubernd‹. Die Prinzessin selbst und ihr künftiger Mann wurden erst gar nicht gefragt. Sophie mußte zum orthodoxen Glauben übertreten, bekam den Namen Katharina und wurde mit nur fünfzehn Jahren mit Peter verheiratet. Die beiden verstanden sich anfänglich offenbar recht gut. Nur: Nach sieben Jahren Ehe war Katharina noch unberührt – und deswegen tödlich gekränkt. Peter, ein kindischer Trottel, versuchte gar nicht, die Ehe zu vollziehen. Er war körperlich dazu auch nicht in der Lage. Erst nach siebenjähriger Ehe willigte er in eine Operation ein, die ihn zur Liebe fähig machte. Dann allerdings zog er Katharina eine sehr häßliche, verkrüppelte, schielende Hofdame vor – und beleidigte Katharina damit noch mehr.

Die kleine deutsche Prinzessin fühlte sich im fernen Rußland grenzenlos allein, von allen Seiten verlassen, bespitzelt, bedroht. Sie war in eine barbarische Welt geraten.

Die Zarin Elisabeth aber wartete mit wachsender Ungeduld darauf, daß Katharina endlich Mutter würde. Sie hatte die Absicht, das Kind an Stelle von Peter auf den russischen Thron zu setzen. Als es immer deutlicher wurde, daß Peter der Zeugung eines Kindes unfähig war, ließ die Zarin es arrangieren, daß Katharina vom attraktivsten Schürzenjäger der Hof gemacht wurde. Die ausgehungerte und nach Liebe und Zärtlichkeit lechzende Frau verfiel ihm auch prompt. Zuerst hatte sie kurz hintereinander zwei Fehlgeburten, dann gebar sie endlich einen Sohn, der für Peters Kind ausgegeben wurde: Paul Petrowitsch.

Statt Dank und Anerkennung ließ man die junge Mutter mehr als deutlich spüren, daß damit ihre Aufgabe beendet und sie selbst überflüssig geworden war. Die Zarin hätte es am liebsten gesehen, wenn Katharina im Wochenbett verstorben wäre. Absichtlich ließ man sie nach der Geburt im zugigen Zimmer völlig unversorgt liegen. Auf Anordnung der Zarin durfte niemand das Zimmer betreten und ihr auch nur einen Schluck Wasser reichen. Das Kind war Katharina sofort weggenommen worden. Auch später durfte sie es nur höchstens einmal in der Woche für wenige Minuten sehen.

Aber auch der Liebhaber ergriff die Flucht. Er hatte längst neue Liebschaften und war der Großfürstin überdrüssig. Katharina liebte ihn noch immer und litt entsetzlich unter dieser Treulosigkeit. Zum Mann ihres Lebens, dem Fürsten Alexandrowitsch Potemkin, sagte sie zwanzig Jahre später: »Vor dir hatte ich nur vier Liebhaber. Den ersten nahm ich gezwungenermaßen, den vierten aus Verzweiflung. Gott weiß, daß ich auch die anderen nicht aus Lasterhaftigkeit nahm. Dazu habe ich niemals geneigt. Hätte ich in meiner Jugend einen Mann gefunden, den ich hätte lieben können, wäre ich ihm bis an mein Lebensende treu geblieben. Mein ganzes Unglück ist, daß mein Herz nicht einmal eine Stunde ohne Liebe leben kann.«

Spricht so die Frau, die man schon zu Lebzeiten ›Die Hure auf dem Zarenthron‹ nannte? Der man nachsagte, kein gutgewachsener junger Mann wäre vor ihrer Lüsternheit sicher? Die sich in wildesten Orgien und Perversionen hervorgetan haben soll? Bis zu ihrem dreiunddreißigsten Lebensjahr war das Leben für Katharina eine einzige Hölle. Ihr Mann haßte und fürchtete sie. Sie selbst empfand für ihn nur Verachtung, vielleicht auch Mitleid. Die Zarin, selbst durch Staatsstreich an die Macht gekommen, sah im Thronfolgerpaar, vor allem aber in der intelligenten Katharina, gefährliche Konkurrenten. Ständig mußten die beiden Deutschen am Zarenhof damit rechnen, verhaftet oder zumindest verbannt zu werden, zumal Rußland gegen den Preußenkönig Krieg führte und Peter und Katharina sich nur in einem einzigen Punkt einig waren: in ihrem Heimweh zur deutschen Heimat.

Katharina schrieb später: »Ich habe achtzehn Jahre lang (am russischen Hof) ein Leben geführt, bei dem zehn andere irrsinnig geworden und zwanzig andere an meiner Stelle vor Kummer gestorben wären.« Sie – und mit ihr der Preußenkönig Friedrich der Große – durfte aufatmen, als die Zarin Elisabeth am Weihnachtsabend 1761 stirbt. Doch noch ist sie nicht am Ziel. Denn nun trachtet ihr Mann Peter, der neue Zar, ihr nach dem Leben. Er will seine häßliche Geliebte zu seiner Frau machen.

In diesem Augenblick zeigt es sich, daß er Katharina in keiner Weise gewachsen ist. Sie hat – bewußt oder unbewußt, ganz gezielt und raffiniert, oder mehr zufällig? – vorgebaut: Die wichtigsten Offiziere am russischen Hof sind in die Kaiserin verliebt. Einer von ihnen, Gregor Orlow, ist ihr Liebhaber. Er und seine vier Brüder, alle Offiziere, ungezügelte Haudegen, können Peter III. nicht verzeihen, daß er die siegreichen Truppen aus Preußen zurückrief. Sie sind entschlossen, Katharina zur Zarin zu machen und Peter zu beseitigen. In einer Art Notwehr, kurz vor der eigenen Verhaftung durch ihren Mann, stellt sich Katharina an die Spitze des Militärs und besteigt den russischen Thron. Ihr Mann wird von den Offizieren ermordet – ob mit oder ohne Katharinas Billigung und Wissen, das wird immer ungeklärt bleiben. Jedenfalls hat Katharina die Mörder ihres Mannes reich beschenkt. Sie selbst ließ sich aus 4000 Fellen einen prächtigen Hermelin schneidern, aus einem halben Kilo Gold, etlichen Kilo Silber und zahllosen Edelsteinen eine Krone schmieden und feierte drei Monate lang die Krönung. Und das ganze Volk jubelte mit. Es klingt wie ein Märchen: Die schmächtige Prinzessin aus Pommern hat es geschafft. Sie tritt das Erbe Peters des Großen an und macht aus dem ›Entwicklungsland‹ eine Großmacht, die von nun an neben Preußen, Österreich und Frankreich in Europa ein gewichtiges Wort mitredet. Sie besiegt die Schweden und schlägt die Türken, vergrößert ›ihr‹ Land, dem sie mit Leib und Seele nun angehört, um ein Viertel des europäischen Teils.

Nur ihr um die Liebe betrogenes Herz bleibt weiterhin einsam und wird immer erneut enttäuscht. Gregor Orlow ist zwar zwölf Jahre lang ihr Lebensgefährte geblieben. Doch es gelang ihr nicht, trotz unentwegter Bemühungen, aus dem ungeschlachten, wenig feinsinnigen und ungebildeten Klotz einen Mann zu formen, mit dem sie sich hätte dem Volke zeigen können. Außerdem betrog er sie frech und ungeniert mit ihren Hofdamen und machte sie damit lächerlich.

»Er war ein Genie, stark, tapfer, entschlossen. Doch er hatte das Herz eines Hasen«, urteilte die Kaiserin – und gab ihm den Abschied. Wie hätte sie den Zwiespalt ihrer Gefühle für diesen Mann treffender ausdrücken können, der ihr immerhin zum Zarenthron verholfen hatte?

Katharina, inzwischen bereits über vierzig Jahre alt, wandte sich daraufhin einem jungen Schönling aus bestem Hause zu und wurde erneut ob dessen ›Geistlosigkeit‹ tief enttäuscht.

Dann fiel ihr Auge auf Gregor Alexandrowitsch Potemkin. Dieser ungewöhnlich geistvolle, tüchtige Fürst hat viele der Leistungen vollbracht, die man Katharina zugute hält. Einen berühmten Namen schuf er sich allerdings mit seinen Dorfkulissen, die er in der Ukraine errichten ließ, um der Kaiserin auf ihrer Reise zur Halbinsel Krim den großen Aufbauwillen und die Leistungen der Verwaltung vorzutäuschen. Seine ›Potemkinschen Dörfer‹ sind zum stehenden Begriff geworden.

Diesen Potemkin scheint Katharina schon seit vielen Jahren in ihr Herz geschlossen zu haben. Und er ist so sehr in die Kaiserin verliebt, daß er sogar zweimal ins Kloster geht, weil er glaubt, nie an das Ziel seiner Wünsche zu gelangen. Als die beiden endlich zueinander finden, ist er – obwohl zehn Jahre jünger als Katharina –

ein von Ausschweifungen, Krankheiten und Verwundungen häßlich gewordener alter Mann.

Doch Katharina vergöttert den einäugigen Riesen. Sie schreibt ihm Briefe, die eine stürmische, heiße Liebe verraten: »Ich habe meinem ganzen Körper, bis in die kleinsten Haarspitzen hinein, befohlen, Euch nicht den geringsten Liebesbeweis zu geben. Ich habe meine Liebe zehnfach in meinem Herzen verriegelt. Dort erstickt sie und quält sich und droht, es zu sprengen.« Oder: »Oh, Monsieur Potemkin, welches vermaledeite Wunder haben Sie vollbracht, meinen Kopf derart zu verwirren. Werde ich dich mit meiner Maßlosigkeit nicht anwidern?«

Potemkin wird von Katharina die Macht im Lande überlassen. Das Liebesglück hielt unverändert über Jahre an. Wahrscheinlich haben die beiden sogar heimlich geheiratet.

Doch dann erging es Katharina wieder wie stets zuvor: Potemkin wurde mit seiner Rolle als Günstling der Kaiserin nicht fertig – und wandte sich von ihr ab. Er wollte nur noch ihr Freund, ihre rechte Hand, nicht mehr ihr Liebhaber sein. Der ausgekochte Fuchs verfiel auf eine absonderliche Idee: Um die Kaiserin gewogen zu halten, präsentierte er ihr selbst seinen Nachfolger – und in der Folgezeit immer neue stattliche junge Männer, die ihm geeignet schienen, mit ihr das Bett zu teilen. In der Regel konnten sich diese ›Favoriten‹, wie man sie schon bald nannte, rund zwei Jahre halten. Danach wurden diese Liebhaber für ihre Dienste reichlich belohnt und gnädigst entlassen, um einem Neuen Platz zu machen.

Katharina war inzwischen fast fünfzig, für damalige Zeiten eine alte Frau. Ihre Favoriten durften nicht älter als vierundzwanzig, nicht jünger als zweiundzwanzig

Jahre alt sein. Ausgesucht hat sie stets Potemkin. Bevor sie der Kaiserin vorgestellt wurden, mußten sie sich einer gründlichen ärztlichen Untersuchung unterziehen und bei einer vertrauten Gräfin eine ›Probe‹ ihrer Potenz ablegen.

So ganz genau weiß man es nicht. Doch wahrscheinlich hat Katharina insgesamt fünf Kinder geboren. Paul Petrowitsch wurde ihr Nachfolger als Paul I. Die Tochter Anna, kurz nach Paul geboren, starb mit zwei Jahren. Ihr zweiter Sohn, der spätere Graf Alexis Bobrinski, kam kurz nach dem Tod von Zarin Elisabeth zur Welt. Als Kaiserin bekam Katharina noch zwei weitere Kinder. Der Vater der letzten drei war Gregor Orlow. Doch die Geburten der letzten beiden Kinder wurden dem Volke verschwiegen. Die ›Bastarde‹ wurden unter den ›Schützlingen‹ versteckt, den Kindern aus russischem Adel, die Katharina an ihrem Hof erziehen ließ.

Bis zu einem gewissen Grad läßt sich verstehen, daß Katharina die Große als Zarin keine Mühe hatte, immer neue Liebhaber aufzutreiben. Schließlich gab es in Rußland genügend junge Adlige, die sich erhofften, dank ihres guten Aussehens Karriere zu machen. Man wußte, wie großzügig die Zarin ihre ›Favoriten‹ mit Geschenken, Titeln, Ämtern, Ländereien überschüttete. Wer es schaffte, der Zarin zu gefallen, konnte buchstäblich über Nacht reich und einflußreich werden.

Doch die Frage bleibt offen: Wie hat die nicht gerade hübsche, unbedeutende junge Frau und später die mächtige, machtbesessene Frau es gemacht, Männer wie Gregor Orlow und Alexander Potemkin derart in ihren Bann zu schlagen, daß sie Hals über Kopf in sie verliebt waren? Diese Männer haben von Katharina geschwärmt, sie auf den Thron gehoben, der ihr in keiner

Weise zustand. Künstler, Musiker, Kosaken und Fürsten sind ihr zu Füßen gelegen und haben sie förmlich angebetet.

Einer ihrer Liebhaber, Stanislaus Poniatowski, später von der Zarin zum König von Polen gemacht und todunglücklich, weil er nicht mehr in ihrer Nähe weilen durfte, schilderte sie verzückt: »Ihr Haar ist schwarz, ihr Teint von betörendem Weiß, das Kolorit sehr lebhaft. Sie hat große, sprechende blaue Augen, einen Mund, der zum Küssen einzuladen scheint, herrlich gemeißelte Arme und Hände, einen biegsamen Wuchs. Sie ist eher groß als klein, hat einen Gang, der frei und dennoch von höchstem Adel ist, ein Lachen, das so heiter ist wie ihre Stimmung...« So kann nur einer schreiben, der über beide Ohren verliebt ist.

Katharina schrieb später in ihren Memoiren ziemlich selbstbewußt, sie wäre im Laufe der Jahre »zusehends schöner« geworden: »Ich war groß und sehr schön gewachsen. Ich war überhaupt nicht füllig, sondern ziemlich dünn.«

Ganz bewußt hat sie ihre Eigenart, ihre Andersartigkeit, die in Rußland als exotischer Reiz empfunden wurde, unterstrichen: das volle schöne Haar, den hellen Teint, die Zerbrechlichkeit ihrer Gestalt, ihre offene Herzlichkeit und das Strahlen ihrer Augen.

Man weiß, daß die kleine ›dünne‹ Prinzessin aus Pommern richtig erschrocken ist, als sie der Zarin Elisabeth vorgestellt wurde. Die Anmut und Schönheit ihrer Vorgängerin, die über alle Attribute reifer Weiblichkeit verfügte, drohte sie zu erschlagen. Fast wäre sie verzagt: Wie sollte sie neben dieser imponierenden Frau jemals auch nur einigermaßen bestehen können? Was hätte Katharina dafür gegeben, nur halbwegs so perfekte Brüste wie Elisabeth zu besitzen!

Katharina beging nicht den Fehler, sich mit der schönen Elisabeth zu messen oder sie kopieren zu wollen. Ein solches Vorhaben hätte von vornherein scheitern müssen. Klug wie sie war, formte sie sich zu der ganz anderen, fremdartigen Frau. Zwar entging ihren wachen Augen kein Rezept, keine Schönheitsmaßnahme, kein weiblicher Trick der Zarin. Doch übernahm sie davon nur das, was zu ihrem Typ paßte und ließ weg, was sie nur zu einem schäbigen Abbild der Kaiserin hätte machen können.

Die Zarin zeigte stolz ihr üppiges Dekolleté, umrahmt von Brokat und Goldstickereien, trug eine prächtige, silbergepuderte Perücke. Katharina konterte: »Ich ging ungepudert. Ich hatte sehr schönes braunes, volles Haar mit einem schönen Ansatz.« Zwischen den aufgeplusterten Damen des Hofes erschien sie in einem schlichten, hochgeschlossenen weißen Kleid, an dem als einziger Schmuck eine künstliche Rose befestigt war. Die gleiche Rose hatte sie in ihr Haar gesteckt, das von einem weißen Band zusammengehalten wurde. Alles zart, schlicht, apart. Der russische Hof war hingerissen, die Zarin gerührt von so eindrucksvoller Natürlichkeit. Welcher Kavalier – speziell welcher echte Russe – hätte sich nicht angesprochen gefühlt, das zarte, scheue Wesen zu beschützen?

Katharina war von zu Hause keine gesunde Körperpflege gewohnt. Nach dem Beispiel des französischen Hofes legte man im 18. Jahrhundert auch an den deutschen Fürstenhöfen wenig oder gar keinen Wert auf Gesundheitspflege, Hygiene, sportliche Betätigung und dergleichen. Man lebte verweichlicht, wasserscheu, ungesund.

Am russischen Hof dagegen war alles rauh, hart, spartanisch. Da gab es zwar massiv goldene Waschschüsseln, doch das Wasser darin war eiskalt, vielleicht sogar gefroren. Eben hatte man das Baden wiederentdeckt – und zwar nicht nur das Baden in eiskalten Flüssen und Seen, sondern gewissermaßen als Ausgleich das türkische Dampfbad ebenso wie die finnische Sauna.

Katharina, als junges Mädchen von schwächlicher Konstitution und oftmals so krank, daß niemand es gewagt hätte, ihr ein hohes Alter zu prophezeien, wurde in den harten russischen Wintern in Moskau und in Petersburg an bisher unbekannte Temperaturen gewöhnt – und sie fand immer mehr Spaß an der Stählung ihres Körpers. Sie ritt vor allem in jungen Jahren zeitweise täglich, ob es regnete oder schneite. Sie war tagelang draußen in Feld und Wald, vor allem auf der Entenjagd. Und ihre Gesundheit wurde immer stabiler. Bis ins hohe Alter soll sich die Deutsche auf dem Zarenthron eine ungewöhnlich straffe, gesunde Haut und eine Jugendlichkeit bewahrt haben, die sie immer wesentlich jünger erscheinen ließ, als sie wirklich war. Kaum eine Falte, kein überflüssiges Gramm Fett am Körper. Katharina hat für ihre Zeit so etwas wie ein neues Schönheitsideal geschaffen. Wie gesagt: Geliebt haben sie sich nicht, die alte Zarin Elisabeth und die blutjunge Prinzessin aus Preußen. Doch die Zarin hat schon sehr früh erkannt, daß diese ›Deutsche‹ – wenn überhaupt jemand – in der Lage sein könnte, die Geschicke Rußlands zu lenken, sollte bei ihrem Ableben der Sohn des Thronfolgers noch zu klein sein, die Regierungsgeschäfte zu übernehmen. Wenn sie ihr bei jeder Gelegenheit das Leben auch erschwerte und manchmal sogar versucht war, Katharina ganz auszuschalten, ein bißchen nachzuhelfen, daß sie an einer Erkältung stirbt, so bewunderte sie letztlich doch, daß dieses so zart aussehende Persönchen all diesen Anfeindungen gewachsen war, daß sie nicht daran zerbrach, sondern nur stärker wurde.

Und so ließ Elisabeth sich gelegentlich auch herab, Katharina mit einigen Tips der erfahrenen Frau zu helfen. Sie brachte ihr beispielsweise bei, wie man mit den Männern umgeht – und sie gab ihr Schönheits- und Gesundheitstips.

»Du mußt auf deinen Busen aufpassen«, sagte sie beispielsweise zu Katharina. »Ihr Deutschen habt zwar nicht die vollen Brüste einer Russin. Du selbst bist engbrüstig. Doch die Gefahr, daß deine bis jetzt noch festen Brüste schlaff werden, ist groß.«

Das Busen-Massageöl der Katharina

Die Zarin gab ihrer Nachfolgerin ihr Geheimrezept für ein Kräuteröl, das sie sich wöchentlich frisch herstellen und täglich bei der Massage des Busens anwenden sollte, damit die Brüste etwas größer werden und trotzdem straff bleiben.

Katharina der Großen wird nachgesagt, daß sie diese Creme bis ins hohe Alter mit Sorgfalt – und mit Erfolg – angewendet haben soll.

Hier ist das Rezept.

Die Zutaten sind leicht zu besorgen und relativ billig:

¼ Liter Aprikosenkernöl
¼ Liter Mandelöl
⅛ Liter Olivenöl
2 Eßlöffel getrocknete oder frische Pfefferminzblätter
1 Eßlöffel zerdrückte Lorbeerblätter
1 Eßlöffel Rosmarinkraut
½ Eßlöffel gelbes Sandelholzpulver

Die Öle werden in eine Flasche mit hellem Glas gegeben, die sich gut verschließen läßt.

Schütteln Sie die Öle ein wenig, damit sie sich gut vermischen.

Dann geben Sie die Kräuterpulver hinzu. Verschütteln Sie das Ganze wiederum ausdauernd, aber nicht zu kräftig.

Dann stellen Sie die Flasche für vierzehn Tage, besser noch drei Wochen, an die Sonne. Anschließend wird der Satz abgeseiht. Nun sollte das Öl einen wundervollen Duft besitzen.

Ist dies noch nicht der Fall, sollte der Duft für Ihren Geschmack noch etwas zu dünn sein, dann geben Sie noch einmal dieselbe Kräutermischung in das Öl, und stellen Sie die Flasche noch einmal an die Sonne, um den Satz hinterher erneut abzuseihen.

Damit besitzen Sie nun ein vorzügliches Körpermassageöl. Sie können es nicht nur für den Busen, sondern auch für den Bauch und den Rücken verwenden, vor allem dort, wo sich Gewebsmüdigkeiten oder -erschlaffungen zeigen sollten.

Nehmen Sie von diesem Massageöl jeden Morgen nach dem Duschen und nach jedem Vollbad, nach einem Saunabesuch und nach sportlicher Betätigung nicht viel mehr als ein paar Tropfen (etwa die Hälfte eines Kaffeelöffels für jede Brust) in die Hand, und massieren Sie das Öl in ganz leichten, kreisenden Bewegungen in die Brüste.

Nicht von oben nach unten drücken, sondern eher von unten nach oben streichen.

Widmen Sie besondere Sorgfalt den Unterseiten der Brüste. Sie werden schon kurze Zeit nach den ersten Anwendungen verspüren, wie die Haut sich strafft, wie zart und elastisch sie wird.

Haut-Schutzcreme mit Weizenkeimöl

Katharina hatte in Moskau gesehen, wie die Bauern aus Weizen ein Öl zubereiteten, indem sie Ziegelsteine erhitzten, die Weizenkörner daraufschütteten und dann das schwarze Öl, das sich sammelte, mit Löffeln zusammenkratzten. Dieses Öl verwendeten die Russen als Schutzöl gegen Kälteschäden der Haut, vornehmlich gegen aufgesprungene Lippen, gerötete Hände, erfrorene Ohren.

Sie selbst ließ sich aus Weizenkeimölen, Honig und Kamille eine spezielle Hautschutzcreme herstellen.

Man braucht dazu:

1 halbe Tasse Weizenkeimöl
2 Eßlöffel Bienenhonig
100 Gramm Bienenwachs
2 Teelöffel Kamillenblüten

So wird es gemacht: Man gibt die Kamillenblüten in das Weizenkeimöl, läßt das zugedeckt drei, vier Tage an einem warmen Ort stehen. Dann seiht man die Kamillenblüten ab, preßt sie aus und verrührt das Weizenkeimöl mit dem nur ganz leicht erwärmten Honig.

Sodann wird das Bienenwachs im Wasserbad flüssig gemacht und mit dem Öl-Honig-Gemisch zusammengebracht. Man sollte ausgiebig rühren, während das Wachs wieder erkaltet. Die fertige Creme wird in eine Dose abgefüllt und gut verschlossen.

Man trägt sie an kalten, windigen, rauhen Tagen auf, wobei vor allem die Lippen gut eingecremt werden.

Die Creme läßt sich auch dazu verwenden, durch Kälte geschädigte Haut wieder zu heilen – etwa nach dem Skifahren an einem sehr kalten Tag.

Das Sellerie-Aphrodisiakum aus der Ukraine

Um die eigene Freude an der Liebe zu steigern und ihre Favoriten ›anzuheizen‹, ließ Katharina die Große ein Pulver mischen, das zugleich als hervorragendes Mittel gegen rheumatische Beschwerden, vor allem gegen die Gicht, verwendet wurde.

Man braucht dazu:

60 Gramm Sellerie-Samen
20 Gramm Rautenkraut
1 ganze Muskatnuß
10 Gewürznelken
5 Gramm Steinbrech (Geißbart)

Aus diesen Zutaten bereitet man ein Pulver. Die Selleriesamen und die Nelken werden fein zerstoßen, das Kraut zerrieben, die Muskatnuß mit dem Reibeisen gerieben.

Das Pulver wird gut vermischt und in eine Dose gefüllt. Von ihm nimmt man morgens nüchtern und nach jedem Essen eine Messerspitze voll und spült es mit etwas Flüssigkeit hinunter. Ein entsprechendes, schon fertig zubereitetes Pulver dieser Art kann man in der Apotheke auch heute noch kaufen. Es heißt: ›Pulvis apii compositum‹. Manche Leute streuen einen Teelöffel voll davon auf das Butterbrot, andere geben es auf Salate.

Baldrian-Wein für klare Augen

Besonderen Wert legte die große Katharina auf die Pflege ihrer Augen. Die Zeitgenossen rühmen sie ja auch ihres klaren und feurigen Blicks wegen. Katharina erreichte diese besondere Note mit einem sehr einfachen Mittel: Baldrian-Wein.

Dazu braucht man:

100 Gramm Baldrian, Wurzeln und Kraut
1 Liter trockenen Weißwein

So bereitet man den Wein zu: Man gibt den Baldrian in einen Kochtopf und gießt den Weißwein darüber. Das läßt man kurz aufkochen und wieder abkühlen. Man seiht den Satz ab, preßt ihn gut aus und schüttet den Wein in die Flasche zurück.

Zur Augenpflege benetzt man ein Tüchlein mit dem Baldrian-Wein und streicht damit jeweils morgens und abends über die geschlossenen Augen. Führen Sie das baldriangetränkte Tuch immer von der Nasenwurzel in Richtung Schläfen. Wiederholen Sie das ungefähr vier-, fünfmal, wobei das Tuch jeweils neu angefeuchtet wird.

Soviel ist sicher: Gesunde, junge Augen besitzen ein strahlendes Weiß. Fleckige, ›schmutzige‹, vergilbte oder braune Verfärbungen zeigen Verschmutzungen im Körper, vielleicht sogar Vergiftungen und Stoffwechselstörungen an. Dann hilft kein Augenwasser, sondern ein guter Blutreinigungstee. Der Baldrian-Wein kann wohl zu dieser Reinigungsarbeit beitragen, wirksamer als manches andere Augenwasser.

Das Schönheitsbad mit Salz und Honigmilch

Berühmt geworden ist das Schönheitsbad mit Milch, Honig und Salz. Katharina die Große hat es wahrscheinlich nicht erfunden, aber oft genutzt, um sich in ihm aufzufrischen, die Haut zu reinigen und zu pflegen.

In ihrer Zeit erfreute sich dieses Bad bei den Frauen an den europäischen Fürstenhöfen größter Beliebtheit. Allgemein nannte man es das Verjüngungsbad.

Man braucht dazu:

½ Pfund Kochsalz, ohne Jod (am besten ist Meersalz)
1 Liter frische Milch
1 Tasse voll Bienenhonig

So wird es gemacht: Man streut zuerst das Salz in die Badewanne. Dann läßt man das Wasser ein − nicht zu heiß, aber doch etwa 35 Grad warm.

Während das Wasser einläuft, erwärmt man die Milch. Auch sie darf nur warm, nicht heiß werden. In ihr löst man den Honig. Gut verrühren. Sobald sich der Honig ganz aufgelöst hat, gibt man die Honigmilch in das Badewasser.

Das ist ein typisches Bad für den Abend, an dem man noch etwas vor hat, bevor man ins Theater geht, in die Oper − oder zu einem Rendezvous. Man fühlt sich hinterher − und es darf ruhig 25, 30 Minuten dauern − wunderbar erfrischt und gleichzeitig wohlig entspannt. Man spürt, wie die Haut lebt, wie weich und zart sie geworden ist.

MADAME DE POMPADOUR

(1721 – 1764)

»Jeder Mann hätte sie gerne zur Mätresse gehabt.
Sie war groß, aber nicht zu groß für eine Frau,
herrlich gewachsen.
Sie besaß ein rundes Gesicht, regelmäßig in jedem Zug.
Teint, Hände, Arme waren wunderschön.
Die Augen eher klein, aber von so viel Glanz und
Geist und Feuer, wie ich bei Frauen sonst niemals
gesehen habe.
Nichts an ihr war kantig, alle Formen, Bewegungen
weich.
Sie stellte alle Damen des Hofes –
und unter ihnen waren viele sehr schön –
in den Schatten.«

Dufort de Cheverny hat die Pompadour so geschildert.

Die Komplimente der Männer, aber auch der Frauen, die sie gekannt haben, überschlagen sich. An ihrem Aussehen zumindest, an der Art sich zu geben, scheint niemand einen Makel gefunden zu haben. Selbst ihre erbittertsten Feinde gestanden ein: »Sie ist eine der hübschesten Frauen, die ich kenne.« Rauhe Krieger, sonst gar nicht so redegewandt, begannen zu schwärmen, wenn sie von ihr sprachen: »Mit der schwebenden Anmut ihrer Gestalt und ihrem schönen Haar gleicht sie einer Nymphe.«

Einer der bekanntesten Schürzenjäger seiner Zeit, ein Engländer, verstieg sich gar in die Formulierung: »Sie ist wohl das schönste Geschöpf, das mir im Leben begegnet ist, glitzernd wie ein Fels aus lauter Diamanten.«

Der Forstmeister von Versailles, ein Mann, der ihr viele Jahre gedient hat, rühmt sie: »Ihre Augen haben einen eigenartigen Reiz. Mann kann nicht sagen, welche Farbe sie besitzen. Es ist kein schwarzes Gleißen, kein zärtlich sehnsuchtsvolles Blau, nicht der feine Schimmer grauer Augen, nein, eine undefinierbare Tönung, je nach Stimmung, fähig auf jede Weise zu verführen und jede Regung einer sehr wandlungsfähigen Seele auszudrücken. Ihre Miene ist ein steter Wechsel, aber niemals werden ihre Gesichtszüge miteinander uneins. Jeder Ausdruck, jede Geste ist ein einziges Zeugnis hoher

Selbstbeherrschung. In ihrem Wesen vereinigt sie die höchste Stufe der Eleganz mit großer Vornehmheit.«

Und selbst ihr mächtigster Gegner, der ihretwegen alle seine Ämter verlor und in der Verbannung verkümmerte, meinte: »Blond und blaß, ohne Züge, aber anmutig und begabt, hochgewachsen, aber unedel gebaut.« Ganz ähnlich ist es mit den Bildern, die uns erhalten blieben: Alle zeigen sie eine Frau von faszinierender Schönheit. Doch kein Bild gleicht dem anderen – so als hätte die Marquise nicht nur eines, sondern tausend Gesichter besessen.

Und so – irgendwie – muß es auch gewesen sein: Ihre Anziehungskraft, vielleicht auch die eigentliche Schönheit, verdankte sie sprühender Lebendigkeit und der Fähigkeit, auf ihr Gegenüber voll einzugehen. Weil sie ungeniert, selbstsicher und sehr offen auf ihre Ziele zusteuerte, konnte sie alle Schranken durchbrechen.

Und Schranken gab es für sie mehr als genug.

Für das bürgerliche Mädchen Jeanne-Antoinette Poisson, Tochter eines Geschäftsmannes in Paris, gab es im 18. Jahrhundert nicht die geringste Chance, auch nur in die Nähe des Hofes zu gelangen, geschweige denn, des Königs Mätresse zu werden. Niemals zuvor in der französischen Geschichte hatte ein König eine Bürgerliche zu seiner offiziellen Geliebten gemacht. Dieses ›Amt‹ war Damen des Adels vorbehalten.

Der neunjährigen Jeanne-Antoinette allerdings hatte eine Zigeunerin vorhergesagt: »Du wirst einmal das Herz des Königs beherrschen!« Diese Prophezeiung hat genügt, dem kleinen Mädchen ein klares Ziel vor Augen zu stellen – und war es auch scheinbar noch so unerreichbar. »Reinette«, so nannten die Eltern scherzhaft ihr kleines Töchterchen: kleine Königin. Und Jeanne-Antoinette nahm das ganz ernst.

Sie wurde auch nicht irre, als ihr Vater sein Vermögen verlor und fliehen mußte, die Mutter ihres lockeren Lebenswandels wegen in schlechten Ruf geriet und die Familie sogar von guten Bürgern gemieden wurde.

Jeanne-Antoinette heiratete mit zwanzig Jahren einen kleinen Adeligen. Sie versicherte ihm, ihn aufrichtig zu lieben und versprach ihm unverbrüchliche Treue – allerdings mit der Einschränkung: »Ich werde dich nie verlassen – es sei denn um des Königs willen.«

Die junge Frau wurde Mutter – wann hätte ein König sich schon einmal für eine Bürgerliche interessiert, die verheiratet und außerdem schon Mutter war? – und gab ihre Hoffnung immer noch nicht auf. Sie wußte, daß der König hintereinander drei Schwestern zu seinen Mätressen gemacht hat – Damen mit klingendem Namen –, und ganz Frankreich wußte, daß er in die Schwestern sehr verliebt war. Die junge Frau d'Etoiles blieb sich ihrer Sache sicher.

Ihr größtes Handicap war jedoch ihre mehr als zarte Gesundheit. Von klein auf hatte es Jeanne-Antoinette an der Lunge. Vielleicht litt sie auch unter einem Herzfehler. Die Ärzte ihrer Zeit – und sie befand sich zeitlebens in ärztlicher Behandlung – kannten praktisch nur ein einziges Mittel: Aderlaß. Immer wieder wurde das Kind, später das bleichsüchtige Mädchen, dann die junge Frau zur Ader gelassen. In jeder Woche, das belegen ihre eigenen Aufzeichnungen und Tagebücher ihrer Kammerfrauen, mußte sie einen oder gar zwei Tage vor Schwäche und mit Fieber im Bett verbringen. Schlechte Aussichten für eine Frau, die sich eine so große Karriere in den Kopf gesetzt hat. Trotz alledem: Sie glaubte an ihr Glück, wartete aber nicht auf den blinden Zufall, sondern bereitete den Weg nach Versailles mit großer Sorgfalt vor. Als der König sie zum erstenmal zu Gesicht bekam, war ihr ein unerhörter Ruf vorausgeeilt. Im Haus der Madame d'Etoiles verkehrten Künstler und Literaten, Schauspieler und Philosophen wie der große Voltaire. Sie gab Feste, über die man sprach. Sie sang und spielte Theater. Und das alles mit viel Charme, Liebenswürdigkeit und großem Geschick. Jeder schien von dieser Frau entzückt, von ihrer Bildung und Schönheit begeistert zu sein.

Und wenn der König in den Feldern und Wäldern vor Paris auf der Jagd war, fuhr wie ganz zufällig der offene Wagen mit der graziösen Person vorbei: ein Bild vollendeter Anmut in Farbe und Form.

Zum ersten hautnahen Kontakt zwischen dem König und Jeanne-Antoinette kam es anläßlich der Hochzeit des Thronfolgers Ludwig mit der spanischen Prinzessin Marie-Térèse. Der französische Hof feierte überschwenglich. Überall wurde im Schimmer von vielen tausend Kerzen und unter dem Knallen der Feuerwerke getanzt. Zu diesen Festlichkeiten, den aufwendigsten, die Versailles jemals gesehen hat, waren auch die Bürger von Paris zugelassen. Das war der große Augenblick der schönen Madame d'Etoiles. Der König tanzte nur mit einer schönen maskierten Frau – und bald wußte jeder, wer sich hinter der Maske verbarg: die ›kleine d'Etoiles‹. »Gönnt dem König den kleinen Flirt«, sagten die einen, bestrebt, über den ›faux-pas‹ des Königs großzügig hinwegzusehen.

»Armes Ding«, meinten andere. »Sie weiß wohl nicht, wie schnell unser König der gerupften Hühnchen überdrüssig wird!« Doch dann kam alles ganz anders. Der König, mittlerweile fünfunddreißig Jahre alt, Vater von zehn ehelichen Kindern, von denen sieben die schwierigen Kinderjahre bereits überstanden hatten, und von ein paar Dutzend ›Bastarden‹, verliebte sich in die Bürgerliche und vergaß die Hofetikette. Er mußte in den Krieg ziehen. Es ging um die österreichische Erbfolge, um den Thron der Kaiserin Maria Theresia in Wien. Doch auch diese Trennung brachte nicht die von allen Seiten erhoffte Abkühlung seiner Gefühle. Ludwig XV. nutzte die Wochen seiner Abwesenheit, seine Geliebte von einem Abbé und einem Marquis mit den Regeln und Gewohnheiten des Hofes vertraut machen zu lassen. Nach seinem Sieg in Fontenoy kehrte er, verliebter denn je, zu seiner Mätresse zurück, erhob sie zur Marquise von Pompadour und stellte sie offiziell dem Hof – auch seiner eigenen Frau, der Königin – vor.

»Wenn schon Mätresse, dann lieber die als alle anderen«, fand die Königin und reichte der Marquise die Hand: »Ich freue mich über Ihren Besuch!«

Nun schloß man in Versailles und in Paris Wetten ab: Wie viele Tage wird es dauern, bis der König die Pompadour nach Hause schickt? Niemand wollte das Verhältnis so recht ernst nehmen. Doch die Marquise zog in Versailles ein, wohnte ganz in der Nähe des Königs. Ihre Zimmer waren direkt mit einer Geheimtreppe mit den Privatgemächern des Königs verbunden. Und der König hatte seine Mätresse Tag und Nacht um sich. Es sah bald aus, als könnte er nichts mehr ohne ihre Anwesenheit tun. Die beiden reisten miteinander von einem Lustschloß zum anderen. Der König schenkte ihr eine Reihe dieser Schlösser und gab ihr Unsummen, sie auszugestalten oder neu zu bauen. Noch wehrte sich der eine oder andere Minister: »Wartet nur ab. Wir werden die kleine Pompadour schon mürbe kriegen, ihr das Leben zur Hölle machen – und wäre sie Herrin von Hof und König.«

Doch das war schon so ziemlich der letzte Widerstand. Denn schon wenige Monate nach dem offiziellen

Einzug der Marquise in Versailles gab es keinen Zweifel mehr: Wer in der Gunst des Königs bleiben wollte, der mußte sich mit ihr gut stellen. Wer es mit ihr verdarb, wurde über Nacht vom Hof verbannt. Die Pompadour regierte den Hof. Mit sehr subtilen, aber wirksamen Mitteln: Sie lud ein zu Theateraufführungen, Kunstausstellungen, prunkvollen Festen. Wer nicht geladen wurde, der war ›out‹ am Hofe. Die Marquise von Pompadour ernannte Minister und führte Vertragsverhandlungen mit den damaligen Großmächten Preußen, Österreich und England. Friedrich der Große schrieb ihr persönlich, Kaiserin Maria Theresia ließ ihr durch die ersten Minister Grüße schicken.

Am meisten verdankten ihr in Frankreich Kunst und Wissenschaft. In ihrer Privatbibliothek standen 3525 Bücher, darunter viele Kostbarkeiten. Im damaligen Frankreich dürfte es keine Frau gegeben haben, die nur halbwegs so gebildet war wie sie. Madame de Pompadour las Dichtung, Philosophie und förderte die eben aufgekommene Enzyklopädie. Sie konnte sich, so lobten ihre Zeitgenossen, mit jedem über jedes Thema unterhalten. Sie stand im Briefverkehr mit so ziemlich allen geistigen Größen ihrer Tage.

Sie ließ Porzellanmanufakturen errichten und eine Militärschule für den Offiziersnachwuchs. Sie schickte ihren Bruder, der die oberste Baubehörde des Landes leitete, mit Künstlern nach Italien, um neue Kunsteindrücke und einen neuen Baustil nach Frankreich zu holen. Die Marquise war eine Verschwenderin, ohne jeden Zweifel. Doch sie besaß erlesenen Geschmack, Frankreich verdankt ihr unendlich viel.

Der König aber fand immer mehr Spaß an ihren übersprudelnden Einfällen. Das Leben am französischen Hof war im 18. Jahrhundert geprägt von der ermüdenden Auseinandersetzung mit der Langeweile. Man ging auf die Jagd, verspielte sein Vermögen, spielte ein bißchen Theater, tanzte – doch so richtig amüsant fand das längst keiner mehr.

In die nervtötende Langeweile war die Marquise hineingefegt wie ein frischer Wind, unbekümmert, immer heiter, unerhört unterhaltsam. Wo sie auftauchte, war etwas los. Sie verstand zu plaudern, witzig und geistreich wie keine andere. Kurzum: In ihrer Nähe fühlte sich der König erfrischt, neu belebt. Keine Taktlosigkeiten, keine Eifersüchteleien, keine peinlichen Situationen, nichts, was ihn herabgesetzt oder belastet hätte. Selbst ein sehr sittenstrenger Witwer am Hofe in Versailles kam nicht umhin einzugestehen: »Ich kann nur sagen: Soviel ich gesehen, liebte sie der König wie keine andere. Mit Recht. Als Mätresse war sie liebenswerter als alle anderen.«

König Ludwig XV., Urenkel des Sonnenkönigs, war gewiß nicht der genialste Herrscher Frankreichs – aber ein selten gutaussehender Mann, vielleicht sogar der stattlichste König Frankreichs überhaupt. Ein Mann, von dem Frauen träumen: groß, breitschultrig, muskulös, sportlich. Keine Spur von Verweichlichung oder Verfettung. Ungeheuer potent. In Frankreich wußte man, daß er seine Frau in der Hochzeitsnacht siebenmal beglückte. Doch bei aller Kraft und Triebhaftigkeit: Der König besaß ungewöhnlich seelenvolle, zärtliche Augen, die ein wenig Hilflosigkeit und Scheuheit ausstrahlten. War das nicht genau die Mischung, die so unwiderstehlich auf das Frauenherz wirkt?

Bien-aimé – Vielgeliebter. Einen schöneren Titel hat kein König jemals von seinem Volk bekommen.

Gewiß, da mischte sich auch ein Stück Mitleid in die Gefühle der Verehrung. Mit fünf Jahren schon war

Ludwig XV. König geworden – ein zartes Kind ohne Eltern, um dessen Gesundheit man viele Jahre bangen mußte.

Dann, noch nicht einmal ganz sechzehnjährig, wurde Ludwig mit der sieben Jahre älteren Prinzessin aus Polen, Maria Leczinska, verheiratet. Sie war die Tochter des ehemaligen polnischen Königs, keineswegs schön, aber kerngesund, fromm und sanft. Man weiß, daß der König diese Frau beinahe zehn Jahre lang vergötterte und jedem erklärte, das Schicksal habe ihm die beste und schönste Frau der Welt geschenkt.

Die Schwärmereien des Jünglings mußten der nüchternen Einsicht des reifen Mannes weichen: »Meine Frau und meine Tochter sind die langweiligsten Königinnen in Europa. Wenn ich bei ihnen bin, muß ich gähnen wie in der Kirche.«

Nein, der König von Frankreich und die Polenprinzessin paßten überhaupt nicht zusammen. Er, der Mann mit dem feurigen Temperament und der großen Freude an sexueller Betätigung – sie, das bigott verklemmte Geschöpf, das die Liebe wie eine unausweichliche Pflicht, etwas Unreines, über sich ergehen ließ und nach tausend Ausreden suchte, dem König den Zugang zu ihrem Schlafzimmer zu versperren. An kirchlichen Feiertagen durfte er von Anfang an nicht. Doch die Heiligen, deren Gedenken es mit Enthaltsamkeit zu feiern galt, wurden in den Jahren immer zahlreicher. Bis er seinen Spaß anderswo suchte.

Ganz Frankreich hat miterlebt, wie die katholische Kirche den ›ehebrecherischen König‹ bloßstellte.

Noch bevor Ludwig XV. seine Pompadour kennenlernte, wurde er eines Tages in Metz schwer krank. Man mußte um sein Leben bangen. Die Geistlichen drängten auf die Beichte und die Letzte Ölung, doch sie knüpften daran unverständlich harte Bedingungen: Die Geliebte des Königs, Madame de Châteauroux, mußte unverzüglich abreisen, der König versprechen, daß er sie nie wieder sehen wird. Die Beichte wurde öffentlich, das heißt unter Anwesenheit von Adligen und Bürgern, abgehalten. Alle konnten hören, was der König zu bekennen hatte. Noch nicht genug: Das Sündenregister wurde anschließend gedruckt und öffentlich ausgehängt. Von allen Kanzeln des Landes wurde darüber gepredigt. Ludwig wurde wieder gesund. Frankreich aber lachte nicht über seinen König, sondern wurde von einem Freudentaumel gepackt. Der Haß richtete sich gegen die geistlichen Herren, die so schändlich mit dem kranken König, dem großen Liebling, umgesprungen waren.

Solche Ereignisse waren niemandem besser bekannt als jener jungen Frau in Paris, die sich vom Schicksal auserwählt wußte, den König zu lieben und ihm beizustehen, die aufmerksam jeden seiner Atemzüge verfolgte. In den zwanzig Jahren ihres Lebens mit Ludwig XV. ist die Marquise die eine große Sorge niemals losgeworden: »Irgendwann wird der König aus Liebe zu seiner Frau und zu seiner Familie, oder gezwungen durch die pausenlosen Vorhaltungen der Jesuiten am Hofe, um des lieben Friedens willen mir den Rücken kehren. Seine Kinder verachten ihn wegen seines Verhältnisses mit mir. Die Kirche verweigert ihm jede Absolution, solange er mich in seiner Nähe duldet. Ich mag den König noch so glücklich machen: Letztlich verbaue ich ihm den Weg zum Seelenfrieden.«

Doch da gab es noch ein ganz anderes Problem – man mag es eigentlich gar nicht glauben, weil es überhaupt nicht zu dem paßt, was man sich immer unter einer Madame de Pompadour vorgestellt hat: Auch die Marquise war keineswegs eine sehr heißblütige Natur.

Im Gegenteil. In ganz ähnlicher Weise wie die Königin fühlte sie sich von dem unersättlichen Begehren des Königs überfordert und erschöpft. Ihre Kammerfrau entdeckte eines Tages, »daß Madame die Schokolade mit Ambra und dreimal so viel Vanille wie sonst üblich servieren ließ. Auch aß sie Trüffel und Selleriesuppe ...« – Mittel, die im 18. Jahrhundert als wirksame, aber die Gesundheit schädigende Aphrodisiaka eingesetzt wurden. Die Marquise, zur Rede gestellt, verteidigte sich: »Mich verfolgt die Angst, des Königs Herz möchte sich von mir abwenden, weil ich ihm nicht mehr genug zu Willen bin. Ihr wißt, den Männern sind gewisse Dinge von größtem Wert. Leider bin ich eine kühle Natur. Um dem abzuhelfen, kam mir der Gedanke, etwas Hitziges einzunehmen. Glaubt mir, diese Droge ist gut. Das spüre ich seit zwei Tagen.«

Gerade schonend ist der König mit seiner Geliebten nicht umgesprungen. In den ersten Jahren ihrer Liebe hatte sie wenigstens ein halbes Dutzend Fehlgeburten, wenn nicht noch mehr.

Etwa sieben Jahre nach dem Einzug der Marquise de Pompadour wurde in Versailles offenkundig, worauf viele mit wachsender Ungeduld gewartet hatten: Zwischen dem König und seiner Mätresse spielte sich nichts mehr ab. Der König war inzwischen einundvierzig, die Marquise dreißig. War ihre Liebe erloschen oder nur die körperliche Anziehungskraft geschwunden?

Darüber ist viel gerätselt worden. Die Antwort dürfte aber nicht so schwer sein: Madame de Pompadour war krank, konnte immer häufiger ihr Bett nicht verlassen. Vor 200 Jahren aber, das kann man heute kaum mehr recht begreifen, war eine Frau mit dreißig bereits alt, verwelkt. Die faltige Haut wurde unter einer dicken Puderschicht verdeckt. Die Zähne waren bis auf wenige schwarze Stummeln bereits ausgefallen. Man litt unter Darmparasiten, Tuberkulose, Blutarmut.

Die Liebe des Königs zu seiner Mätresse war indes nicht erloschen. Man weiß, daß er oft ganze Tage und Nächte vor ihrem Bett verbrachte, sie pflegte, sie beschwor, wieder gesund zu werden. Aber Ludwig XV. war nicht verborgen geblieben, daß die körperliche Liebe für sie eine schwere Belastung bedeutete. Wollte er sie noch länger um sich haben, dann mußte er auf die Liebe verzichten.

Die Schadenfreude am Hof von Versailles kam verfrüht. Die Herrschaft der Marquise war nicht zu Ende. Sie begann erst richtig. Obwohl einige einflußreiche Parteien hektisch darauf bedacht waren, dem König frisches Blut zuzuführen, eine Favoritin aus den eigenen Reihen vorzuschieben, gelang es nicht, Madame de Pompadour loszuwerden. Sie war dem König völlig unentbehrlich geworden. Sein ›körperliches Problem‹ wurde auf relativ einfache Weise gelöst und wahrscheinlich half die Marquise aktiv dabei mit: Da so viele Französinnen so wild darauf waren, vom König geliebt zu werden, richtete man im Parc aux Cerfs, einer kleinen Villa in der Stadt Versailles, eine Art Wartestation für junge Mädchen ein. Besonders hübsche Mädchen wurden auf maßgebende Empfehlungen dorthin aufgenommen. Wiederum die schönsten der Ausgewählten durften damit rechnen, eines Tages zum König gebracht zu werden. Aber nicht, um die Stelle der Pompadour einzunehmen. Sie teilten das Bett mit ihm nur für Stunden oder bestenfalls für Tage. Viele von ihnen wußten hinterher nicht einmal so ganz genau, mit wem sie überhaupt geschlafen hatten.

Wirklich geliebt vom König wurde nur noch die eine Frau seines Herzens, die Marquise de Pompadour, die er sogar zur Herzogin erhob. Zu ihr hielt der König, als Frankreich 1751 im Heiligen Jahr von einem selten starken religiösen Eifer gepackt wurde und man den König von allen Seiten bekniete, sein ehebrecherisches Verhältnis aufzugeben und mit Gott Frieden zu schließen. Man kann Ludwig XV. manches nachsagen, aber nicht, er wäre ein Heuchler gewesen. Obwohl er eigentlich fromm war, weigerte er sich, zur Osterbeichte zu gehen, denn das hätte vorausgesetzt, daß er zuvor die Freundin vom Hof verbannte, auch wenn sie, wie sie einmal schrieb, »sinnlich keine Macht mehr über ihn« hatte. Einmal, im Jahre 1756, schien der Bruch zwischen König und Mätresse da zu sein. Der König wurde durch den Messerstich eines religiösen Fanatikers verletzt. Die Wunde war nicht tief, keineswegs lebensgefährlich. Doch der König war geschockt und glaubte, sein Ende sei gekommen. Selbstverständlich waren sofort alle zur Stelle, die ihn von der Pompadour trennen wollten, die Beichtväter, Minister, Höflinge, die königliche Familie. Tatsächlich bildeten sie einen undurchdringlichen Abwehrring um das Krankenlager. Die Marquise durfte nicht zu ihrem König. Vor allem der Thronfolger sah sich schon auf dem Thron. Er wich nicht vom Bett seines Vaters und gab Befehle, als wäre er bereits König. Es dauerte elf endlose Tage. Dann hielt Ludwig es nicht mehr aus. Er ging zu seiner Marquise – und alles war wieder wie zuvor.

Wie hat sie es nur angestellt?

Ein Geheimnis ihres Lebens war ihre Eremitage in Versailles. Das war ein kleines Sommerhäuschen, eigentlich nur ein Pavillon, einstöckig, nur sechzehn mal zehn Meter in den Ausmaßen. Dort fühlte sich die Pompadour besonders wohl, mit ihr der König, der den himmlischen Frieden genoß.

Rund um das heimelige, eigentlich recht einfach, fast spartanisch eingerichtete Häuschen hatte Madame de Pompadour einen einmalig schönen Garten angelegt: fünfzig Orangenbäume, dutzende Zitronenbäume, Oleander, Oliven, Granatäpfel, Myrten, Jasmin, Tuberosen, Flieder – in der Mitte aber ein riesiges Rosenbeet. In den Gewächshäusern wurden die Pflanzen von einem Heer von Gärtnern selbst herangezüchtet – in nicht weniger als zwei Millionen Blumentöpfen.

Zur Eremitage gehörten aber auch Kühe, Ziegen, Hühner – und ein Esel, der Eselsmilch wegen, die sie regelmäßig trank. Dieses Paradies, so schilderten es Zeitgenossen, war erfüllt von erlesenen Düften. Die einzelnen Duftnuancen waren nach der Anweisung der Hausherrin genau aufeinander abgestimmt, so daß man beim Spazierengehen im Garten von einer Köstlichkeit zur nächsten gelangte. Allein an den verschiedenen Duftnoten hätte man sich mit verbundenen Augen zurechtfinden können.

Das war Madame de Pompadours Oase in Versailles.

Am liebsten mochte und verwendete sie aus der Fülle die Myrten und Tuberosen – und frische knackige Äpfel.

Myrtenwein gegen Schweiß- und Mundgeruch

Die Myrte war ihr Mittel gegen üblen Mundgeruch und Schweißgeruch. Sie verwendete die Heilpflanze folgendermaßen:

Zutaten:

etwa 50 Gramm getrocknete Myrtenblätter
1 Liter trockener Weißwein

Und so wird es gemacht: Man pulverisiert die Myrtenblätter, gibt sie in eine Literflasche und gießt den Wein darüber. Das läßt man einige Tage an warmem Platz – aber nicht an der Sonne – stehen. Dann wird der Satz abgeseiht.

Von diesem Wein trinkt man bei üblem Mundgeruch morgens und abends ein halbes Weinglas voll (kurz im Mund halten!). Bei übermäßiger Schweißabsonderung oder Schweißgeruch wäscht man die Achseln mit leicht verdünntem Myrtenwein, morgens nach dem Aufstehen.

Dieses Mittel ist übrigens auch heute noch gebräuchlich. Das Präparat Gelomyrtol beispielsweise, das man in der Apotheke rezeptfrei kaufen kann, enthält den Myrte-Wirkstoff Myrtol. Man nimmt es bei Erkältungen im Nasen-Rachen-Bereich und bei Bronchitis. Es erfrischt, desodoriert die Atemluft.

Tuberosenblütenöl als Parfüm

Die Tuberose kannte Madame de Pompadour in zwei Arten: Die blaue Tuberose, unsere Schmucklilie, früher Liebesblume genannt, bevorzugte sie als Topfpflanze in ihren Wohnräumen. Sie verströmte ihren Lieblingsduft. Aus der Nachthyazinthe, der eigentlichen Tuberose, ließ sie die Grundsubstanz für ihr Parfüm herstellen: Tuberosenblütenöl. Dies ist ein sehr intensiv duftendes, dunkelbraunes Öl, das auch heute noch in der Parfümerie Verwendung findet. Madame de Pompadour versprach sich von diesem Duft besondere Anziehungskraft. Sie soll dieses Öl gelegentlich aber auch als Leberheilmittel verwendet haben, indem sie einen Tropfen des Öls in ein Glas Wein schüttete.

Apfel-Handcreme à la Pompadour

Ihr eigentliches und vielleicht auch wichtigstes Rezept war ihre Apfel-Handcreme. Sie selbst sagte einmal: »Wer einen Mann faszinieren will, der braucht ein ebenmäßiges, möglichst unschuldiges Gesicht und einen schönen Busen. Wer ihn halten will, muß schöne, gepflegte Hände haben.«

Die hatte sie. Und sie verwandte sehr viel Zeit auf die Pflege dieser Hände. Ist es nicht so: Das Gesicht kann man schminken, Falten lassen sich notfalls übertünchen oder liften. Wer das wahre Alter einer Frau richtig schätzen will, der darf nicht in ihr Gesicht sehen. Er muß die Hände, vor allem die Handrücken, betrachten. Sie lügen nie.

Das ist das Rezept der Apfel-Handcreme.

Man braucht:

5 möglichst frische, ungespritzte Äpfel
1 Pfund ganz frisches Schweineschmalz
1 ausgereifte Quitte
die Schalen von zwei unbehandelten Orangen und einer Zitrone
etwas Rosenwasser

So wird das Rezept zubereitet:

Man schält die Äpfel und die Quitte und reibt sie. Dann gibt man das Schmalz in eine große Schüssel, übergießt es mit etwas Rosenwasser (zwei bis drei Eßlöffel) und rührt und knetet es kräftig durch.

Dann wird das Schmalz mit den übrigen Zutaten, dem Apfel- und Quittenmus, den geriebenen Orangen- und Zitronenschalen, in einem emaillierten Kochtopf gut miteinander vermischt und auf ganz kleiner Flamme vorsichtig erwärmt. Aufpassen, daß das Schmalz nicht gerinnt! Immer wieder umrühren, bis das Fett völlig zergangen ist. Dann, sobald das Gemisch einen feinen Duft entfaltet, füllt man es in eine Dose oder in ein Glas, das sich gut verschließen läßt. Die Handcreme ist fertig. Sie ist nicht nur Pflegemittel, sondern wahres Heilmittel. Tupft man die Salbe auf rissige, spröde Hautstellen, heilen sie rasch ab. Hornhaut wird wieder weich. Auch Altersflecke bleichen aus, streicht man regelmäßig die Apfelcreme darüber.

Tragen Sie die Creme nur sehr dünn auf. Es empfiehlt sich, sie nach jedem Händewaschen leicht in die Haut einzumassieren.

Vergessen Sie aber die Handrücken nicht!

Empfohlen sei diese Creme vor allem Frauen, die in der Kälte oder Nässe arbeiten müssen und dabei immer riskieren, häßlich rotverfärbte Hände zu bekommen.

Bereiten Sie von der Apfelcreme immer nur kleine Mengen, damit sie stets ganz frisch ist. Falls Sie keine Quitte bekommen können, nehmen Sie einen Apfel mehr. Die Creme wird fast ebenso gut.

Frucht-Rosenwasser

Es ist kein Geheimnis, daß die Damen des französischen Hofes nicht viel von Wasser hielten, schon gar nicht von einem richtigen Waschen. Die Gesichtspflege bestand hauptsächlich im Abtupfen der Schmink- und Puderschichten. Und dazu hatten sie eigene Wässerchen.

Das bei Madame de Pompadour beliebteste Gesichts-Reinigungswasser bestand in einem selbstzubereiteten Toilettenwasser, einer Mischung aus Fruchtsäften und Rosenwasser.

Sie verwendete dazu:

½ Tasse frischgepreßten Orangensaft
½ Tasse frischgepreßten Limonensaft
einige Tropfen Zitronensaft
2 Tassen Rosenwasser
2 Eßlöffel Rosenessig (s. Rezept der Katharina von Medici)

Die Säfte und Wasser wurden zusammengeschüttet und gut geschüttelt. Man bewahrte dieses Reinigungswasser in getönten Flaschen oder in Porzellankannen auf.

Auch heute ist das Frucht-Rosenwasser noch immer ein vorzügliches Mittel zur Hautreinigung, zum Entfernen der Schminke, der Tusche und des Lippenstiftes. Man tupft, wie das seinerzeit Madame de Pompadour gemacht hat, die Gesichtshaut Stück um Stück mit durchtränkter Watte ab.

Dieses Gesichtswasser besitzt den Vorteil, daß es einen köstlichen, sehr angenehmen Duft hinterläßt und die Haut nicht nur säubert, sondern zugleich ernährt. Man sollte nach der Reinigung mit dem Frucht-Rosenwasser eine leichte Gesichtscreme verwenden.

Das Veilchenwurz-Duftwasser

Zur Zeit von Madame de Pompadour hat man das Parfüm in aller Regel nicht auf die Haut aufgetragen, hinter das Ohr getupft, in das Dekolleté gesprüht, sondern es wurden vor allem die spitzenbesetzten Taschentüchlein, die seidene Wäsche ›duftig‹ gemacht. Schließlich wollten die Damen nicht für jeden zufällig Daherkommenden attraktiv und begehrenswert sein, sondern die

Lockstoffe gezielt dann einsetzen, wenn der richtige Augenblick gekommen schien. So hat man im Mittelalter schon Duftkugeln hergestellt und zwischen die Bettwäsche gesteckt. Wenn unsere Großmütter noch Schubladen und Schranktüren in ihren Schlafzimmern öffneten, wurde man alsbald überflutet von einer sehr intensiven Duftwolke. Ihre Wäsche roch nicht nach Waschpulver, sondern nach Lavendel, Rosen, Flieder, Veilchen. Der Lieblingsduftstoff von Madame de Pompadour für ihre Wäsche war das Veilchenwurz-Duftwasser.

Sie ließ es aus folgenden Naturprodukten herstellen:

20 Gramm Veilchenwurz (Iris)
20 Gramm Sandelholz
10 Gewürznelken
1 Stange Zimt
1 knappe Tasse Alkohol, 80prozentig
1 knappe Tasse Rosenwasser

So wurde das Rezept zubereitet: Man gibt die Zutaten kleingestückelt in eine Flasche und gießt den Alkohol darüber. Die Flasche wird gut verschlossen und an temperiertem Ort wenigstens eine Woche lang stehen gelassen. Man sollte sie täglich ein-, zweimal schütteln.

Dann filtert man die Kräuterrückstände ab und gibt das Rosenwasser bei.

Von diesem Duftwasser gibt man nach dem Bügeln zwei, drei Tropfen auf jedes Taschentuch, eventuell auch auf die Bettwäsche und die Unterwäsche. Das Duftwasser macht die Wäsche nicht nur duftig, es desinfiziert sie zugleich. Wer ein Dufttüchlein bei sich trägt, besitzt auch ein Mittel gegen plötzliche Übelkeit oder Ohnmacht: Er kann sich rechtzeitig freiatmen!

KÖNIGIN LUISE

(1776 – 1810)

»Gegen abend war uns, mir aber besonders,
ein liebenswürdiges Schauspiel bereitet:
Die Prinzessinnen von Mecklenburg besuchten
das Lager.
Ich heftelte mich in mein Zelt ein und durfte
so die hohen
Herrschaften, welche davor ganz
vertraulich auf und nieder gingen,
auf das genaueste beobachten.
Und wirklich konnte man in diesem Kriegsgetümmel
die beiden jungen Damen
für himmlische Erscheinungen halten,
deren Eindruck auch mir niemals verlöschen wird.«

Johann Wolfgang von Goethe hat diese Zeilen seinem Tagebuch anvertraut, nachdem er die Braut des preußischen Kronprinzen und deren Schwester im Kriegslager vor Mainz getroffen hatte. Der Dichter blieb nicht der einzige, der Luise ›himmlisch‹ fand. Es scheint, als hätte es an der Wende vom 18. zum 19. Jahrhundert niemanden gegeben, der nicht von ihrer Schönheit geschwärmt hätte. Zu ihren Verehrern gehörten die Mächtigsten ihrer Zeit: Zar Alexander von Rußland, Kaiser Napoleon, Fürst Metternich, Könige, Prinzen. Niemals zuvor und danach ist eine Königin in Berlin so geliebt, verehrt, bewundert worden wie Luise. Selbst der preußische König Friedrich Wilhelm II., ein schlimmer Schürzenjäger, schrieb, als er Luise und ihre Schwester Friederike kennenlernte, nach Berlin: »Als ich die beiden Engel zum erstenmal sah, war ich so frappiert von ihrer Schönheit, daß ich ganz außer mir war, als ihre Großmutter sie mir vorstellte. Ich wünschte sehr, daß sie meine Söhne sehen möchten und sich in sie verliebten.«

Die Kunstmalerin Elisabeth Vigée-Lebrun, die später die Königin von Preußen porträtierte, schildert sie enthusiastisch: »Ich fühle, daß meine Feder nicht imstande ist, den Eindruck zu schildern, den diese Fürstin auf mich machte, als ich sie zum erstenmal sah. Der Zauber ihres himmlischen Gesichtes, das Wohlwollen und Güte ausdrückt, die so zarten und regelmäßigen Züge, die Schönheit ihrer Gestalt, ihres Halses, ihrer Arme, die blendende Frische ihrer Hautfarbe, mit einem Wort: Alles an ihr übertrifft noch das Zauberhafteste, was man sich denken kann...«

Es sind immer wieder dieselben Formulierungen: himmlisch, überirdisch, engelgleich.

Luise war sehr schlank, hochgewachsen, blond, blauäugig und besaß einen auffallend hellen Teint, eine sehr zarte, weiße Haut. Sie wirkte zerbrechlich wie Porzellan. Vielleicht deshalb diese Vergötterung.

Sehr irdisch, alles andere als beneidenswert war dagegen das Schicksal der Prinzessin aus Mecklenburg-Strelitz. In Hannover, im Palais in der Leinestraße, am 10. März 1776 geboren, verlor Luise schon mit sechs Jahren ihre Mutter. Diese ist nur neunundzwanzig Jahre alt geworden und im Kindbett nach der Geburt des zehnten Kindes gestorben. So war das damals! Um so mehr verehrte die Prinzessin ihren Vater. Doch Prinz Karl von Mecklenburg-Strelitz war ein unruhiger, wanderlustiger Geist, stets unterwegs. Er gab seine Töchter zur Großmutter nach Darmstadt.

Prinzessin George, so nannte man in Darmstadt die Großmutter Marie Luise Albertine zu Leiningen-Heidesheim kurz – nicht nur, weil sie mit dem Prinzen Georg von Hessen-Darmstadt verheiratet war, sondern weil die sehr gütige, warmherzige Frau sich gegebenenfalls sehr mannhaft durchzusetzen verstand. Diese wunderbare Großmutter hat sicherlich alles getan, den kleinen Prinzessinnen die Mutter zu ersetzen. Aber läßt sich eine Mutter überhaupt ersetzen?

Luise wurde nicht erzogen, einmal Königin zu sein. Gewiß, einerseits mit dem englischen König, andererseits mit der russischen Zarin verwandt, war sie – abgesehen von der Armut der Familie – keine schlechte Partie.

Doch um Fürstin oder Königin zu werden, bedurfte es zu ihrer Zeit keiner besonderen Ausbildung. Sie mußte schön, gesund, adelig sein – und bereit, dem hohen Gatten viele gesunde Kinder zu schenken.

Bei Luise kam noch ein zusätzliches Hindernis hinzu: Jeder, der sie erziehen, unterrichten, fortbilden sollte, zeigte bald eine große Scheu, ihr spontanes, natürliches Wesen zu verbilden. »Sie muß bleiben, wie sie ist«, sagte die Erzieherin und später auch ihr Mann, der König. »Nur keine Bildung! Nicht für sie!« Luisens Charme bestand in einer unbekümmerten Frische, versicherten ihre Zeitgenossen. Man nahm ihr jedes Wort, jede Geste ab und wußte: Instinktiv macht sie letztlich doch alles richtig. Das ist ihre Stärke.

Lügen, sich verstellen oder auch nur kokettieren kann dieses Naturkind mit den klaren blauen Augen nicht. Der Edelstein ist in sich so vollkommen und reizvoll, daß man ihn um keinen Preis der Welt schleifen oder polieren darf.

Alles hätte man dem Wirbelwind vom Darmstädter Hof gewünscht – nur nicht das Schicksal, Königin von Preußen zu werden. Denn an keinem anderen Fürstenhof Europas wurden die Königinnen schlechter behandelt als in Berlin. Friedrich der Große – er starb, als Luise gerade zehn Jahre alt war – hatte seine Frau auf ein abgelegenes Schloß verbannt. Es war kein Geheimnis, daß er sie weder geliebt noch geachtet hat. Weil er kinderlos geblieben war, wurde der Sohn des Bruders sein Nachfolger, ein Mann, den der alte Fritz »ein unverbesserliches Tier« bezeichnete, fett, zügellos, unappetitlich und sittenlos. Friedrich Wilhelm II., der künftige Schwiegervater Luises, hatte nicht die Preußenkönige zum Vorbild, sondern die Könige von Frankreich. Seine erste Frau hat er so schamlos betrogen, daß sie es ihm mit gleicher Münze heimzahlte und geschieden wurde. Die zweite Frau, Prinzessin Friederike von Hessen-Darmstadt, mußte sich von vornherein damit abfinden, daß der König nach dem Vorbild Ludwig XV. von Frankreich eine Mätresse hatte, eine preußische Pompadour. Die Königin gebar pflichtgemäß sechs Kinder, dann machte sie dem König klar, daß sie damit ihre Aufgabe erfüllt habe, um sich ihm fortan zu verweigern. Friedrich Wilhelm heiratete noch zweimal ›zu linker Hand‹, wie man das damals nannte, ein sehr zweifelhaftes Zugeständnis der Kirchen an Fürsten.

Nein, Königin in Berlin, das war ein geradezu peinliches Amt, zumal es am preußischen Hof derb und wenig vornehm zuging.

Der König war geizig, die königlichen Schlösser fast primitiv ausgestattet. Mancher Berliner Bürger lebte sehr viel besser als die Königsfamilie.

Preußens Thronfolger, Friedrich Wilhelm, in seiner Jugendzeit Fritz genannt, war der Liebling und die große Hoffnung Friedrichs des Großen. Mit vier Jahren wurde der Prinz seiner Familie weggenommen, um vom alten König erzogen zu werden. Auch er hat wie Luise, seine spätere Frau, kein Zuhause erlebt, keine Mutterliebe verspüren dürfen. »Er wird mein Nachfolger werden«, hat Friedrich der Große befriedigt festgestellt. »Fritze, werde was Tüchtiges par excellence. Es wartet Großes auf dich. Ich bin am Ende meiner Karriere, und mein Tagwerk ist bald absolviert. Ich fürchte, nach meinem Tod wird's Pêle Mêle geben. Überall liegen Gärstoffe. Und leider nähren sie die regierenden Herren, vorzüglich in Frankreich, statt zu calmieren und zu exstirpieren. Die Massen fangen schon an, von unten auf zu drängen, und wenn dies zum Ausbruch kommt, ist der Teufel los. Ich fürchte, du wirst einmal einen schweren, bösen Stand haben. Habilitiere, rüste dich. Sei firm. Denke an mich. Wache über unsere Ehre und unseren Ruhm. Begehe keine Ungerechtigkeit und dulde auch keine.« So Friedrich der Große zu seinem Großneffen.

Wie recht hat der alte König gehabt! Kronprinz Friedrich Wilhelm war noch nicht ganz neunzehn Jahre alt, als in Paris die Französische Revolution ausbrach. Luise zählte damals dreizehn Jahre. Und Krieg, Plünderungen, sinnloses Morden sollten fortan ihr Leben begleiten, die Heimat an den Rand des Ruins bringen. Mit dreiundzwanzig Jahren dachte der preußische Kronprinz ans Heiraten, ein stattlicher, hochaufgeschossener Mann, das genaue Gegenteil seines Vaters, den er wenig schätzte. Man lobte vor allem seine Redlichkeit, seinen noblen Charakter, sein gutmütiges Wesen, seine Friedensliebe. Nur: Er hätte als Junker ein preußisches Gut verwalten sollen, keine europäische Großmacht – ausgerechnet zur Zeit eines Napoleon! Seinen Mitmenschen gegenüber verhielt er sich eher verschlossen, verlegen, unsicher. Er wollte nie einen Fehler begehen, keinem ein Unrecht zufügen. Wie ein Kind konnte er sein Leben lang nicht begreifen, daß Menschen überhaupt zu einer Bosheit fähig sind. Das Leben am Hof in Berlin irritierte ihn unendlich. An der Seite seines Vaters hatte er die sinnlosen Metzeleien rund um die Städte im Rhein-Main-Gebiet miterlebt und war erfüllt von Abscheu gegen alles, was mit Krieg zu tun hatte. Was er suchte, das war ein Mensch, der ihn versteht, der zu ihm hält, dem er endlich einmal voll und ganz vertrauen kann.

Den fand er in der Prinzessin Luise.

Die erste Begegnung hat er in rührend liebenswerten Briefen später festgehalten. Man hatte ihm von der Schönheit der beiden Prinzessinnen in Darmstadt erzählt, und er konnte den Augenblick kaum mehr erwarten, sie endlich zu sehen.

Einmal, so schildert er seine Brautsuche, schlich er sich ins Theater, als Offizier verkleidet. Fast hätte er sich in zwei Damen verliebt, die er für die Prinzessinnen hielt. Dann fuhr er eigens nach Darmstadt, in der Hoffnung, ihnen zu begegnen. Doch sie waren der Kriegswirren wegen verreist. Dann endlich, im März 1793, war es soweit.

Der Darmstädter Bürgermeister hatte zu einem Essen geladen, und der Kronprinz wußte, daß die beiden Prinzessinnen zugegen sein würden. »Meine Neugier und Erwartung war auf das lebhafteste gespannt. Endlich erschienen sie... Zuerst kam Friederike, dann meine ewig unersetzliche Luise. Beide recht hübsch, traten mit gefälligem Anstand in die Tür... Das Resultat des Déjeunés war, daß sie mir beide recht gut gefielen und ich innerlich den Entschluß faßte, eine von ihnen zu wählen. Aber welche von beiden?«

Luise war zu diesem Zeitpunkt siebzehn, ihre Schwester Friederike fünfzehn Jahre alt. Die kleine Schwester, weit koketter, graziöser, gesprächiger und gewandter im Flirten, war plötzlich die große Rivalin geworden. Der Kronprinz schwankte.

Da machte der König den Vorschlag, es sollten beide Prinzessinnen mit dem Haus Hohenzollern verbunden werden, eine mit dem Kronprinzen, die andere mit seinem Bruder Ludwig.

Die beiden Prinzen waren einverstanden. Und anderntags hatte der Kronprinz sich auch schon entschieden: »Nach sorgfältiger Prüfung und Überlegung« – typisch für den Zögernden – »faßte ich meinen Entschluß – und er reute mich nie, Gottlob. Daß mir die Wahl sehr schwer wurde, ist ganz natürlich. Beide Prinzessinnen gefielen mir sehr wohl, ohne gerade in sie, was man so eigentlich nennt, verliebt zu sein. Beide waren recht hübsch, hatten einen angenehmen Ton und schienen dem Äußeren nach sich nichts nachzugeben. Das Übrige kannte ich eigentlich noch zu wenig. Hätte ich die eine ohne die andere kennengelernt, würde ich mich ohne Bedenken für sie entschieden haben. Hinzu kommt noch, daß die jüngere Prinzessin in ihrem ganzen Wesen viel Grazie und etwas, das man als verführerisch bezeichnen könnte, besaß. Das war der älteren (Luise) damals nicht so eigen.«

Nach dem Tod von Luise bekannte der König Friedrich Wilhelm III.: »Weder vor unserer Ehe noch während derselben hatte ich eine andere gehabt als sie.«

Und immer wieder beteuerte er: »Ich kann nicht sagen, wie glücklich ich mich durch diese Wahl fühlte.« Hatten anfänglich zwei Waisen zueinander gefunden, sich aneinander geklammert, so ließ die ganz große Liebe nicht lange auf sich warten. Ganz Europa wunderte sich – und freute sich über die Romanze am preußischen Königshof – ausgerechnet dort, wo es so etwas am wenigsten erwartet hätte.

Luisens Vater zögerte noch, seine Zustimmung zur Heirat zu geben. Er fürchtete um das Glück seiner quicklebendigen Tochter am preußisch-gedrillten Hof. Doch er sah bald ein, daß sich der Kronprinz und Luise nicht mehr trennen ließen. Sehr schnell, schon am Weihnachtsabend 1793, wurde in Berlin Hochzeit gefeiert. Zwei Tage später vermählten sich Friederike und Prinz Ludwig.

Warum haben die Berliner und darüber hinaus alle Deutschen Königin Luise so sehr verehrt, später geradezu zur Legende erhoben? Noch heute liegen ihre Lieblingsblumen, frische Kornblumen, stets auf ihrem Sarkophag im Charlottenburger Mausoleum, ohne daß man sagen könnte, wer eigentlich diese Blumen dahinbringt.

Königin Luise war eine Frau, die man sich in jeder Hinsicht zum Vorbild nehmen konnte: imponierend, lebenslustig, originell, ohne Scheu vor Hofetikette und Regeln, voller selbstverständlicher Natürlichkeit an frohen Tagen; stark und unübertroffen mutig im Leid; eine zärtliche liebende Gattin, die es verstand, ihren Mann über sich hinauswachsen zu lassen, ihm Größe und Ansehen zu vermitteln; eine gute Mutter – auch sie hat zehn Kinder geboren – und eine Königin, die sich schonungslos gegen sich selbst bis zum Tod für ihr Land einsetzte.

Schon bei ihrer Ankunft spürten die Berliner, daß mit ihr ein neues Lebensgefühl in die Stadt gekommen war. Spontan beugte sich die königliche Braut zu einem kleinen Bürgermädchen herunter, das ein Willkommensgedicht aufgesagt hatte, nahm es in die Arme und küßte es. Was kümmerte sich Luise um die Frage, ob die künftige Königin so etwas tun darf oder nicht? Sie tat es – zum Mißfallen der Hofdamen, zum Entzücken der Berliner.

Luise tanzte leidenschaftlich gern und ließ keine Gelegenheit aus, Bälle zu arrangieren und sich dabei zu amüsieren. Der Walzer war, als sie nach Berlin kam, verboten, weil er als unsittlich und gesundheitsgefährdend angesehen wurde. Luise ließ Walzer aufspielen und holte sich zum Tanz die Partner, die ihr gefielen, ob das nun schicklich war oder nicht. Luise brachte eine ganz neue Mode nach Berlin, von der die Jugend hingerissen, der verknöcherte Hof allerdings ebenso schokkiert war: Weg mit Schnürbrust, Reifrock, Korsettpanzer, gekünstelten Frisuren, Puder und Schminke — hin zur federleichten, hauchdünnen Kleidung, die nicht einmal mehr ganz — alles in allem — ein halbes Pfund wiegen durfte. Das hemdartige, bodenlange Kleid wurde nach griechischem Vorbild direkt unter der Brust gegürtet, ließ den Busen in gewagter Weise bis an die letzten Grenzen des Schicklichen frei — niemals hat es entzückendere Dekolletés gegeben als zur Zeit der Königin Luise. Die Stoffe waren weich, fast durchsichtig, die Mode betonte die weiblichen Formen. Die Haare trug man offen oder hochgesteckt. Das wirkte wie eine Befreiung.

Luisens Auftauchen am Berliner Hof kam einer Revolution gleich. Alle Blicke waren auf die strahlend schöne, heitere, ungezwungene Königin gerichtet. Sie wurde in jeder Bewegung und in allem, was sie tat, nachgeahmt. Selbst als sie einmal eines Pickels wegen ein Tüchlein um den Hals tragen mußte, wurde dieses Halstuch alsbald in Preußen zum Modeschlager.

Diese Revolution ging dem Hof und dem König doch entschieden zu weit. Der Schwiegervater, der Luise in sein Herz geschlossen hatte und sie insgeheim bewunderte, gab dem Thronfolger den dringenden Rat, er möchte doch seine Frau »nach seiner Hand zureiten und ihr gelegentlich auch den Sporen geben«!

Der König fürchtete, Luise könnte zu verschwenderisch leben und zu großen Einfluß über seinen Sohn gewinnen.

Doch der Thronfolger verteidigte seine Frau: Sie tut alles in lauterster Gesinnung und in bester Absicht. Man könne und dürfe ihr einfach nicht böse sein.

Ist es verwunderlich, daß diese moderne, selbstbewußte Frau mit der faszinierenden Ausstrahlung die Männerherzen in ihren Bann schlug?

Mit der sechzehnjährigen Prinzessin Luise eröffnete der später mächtigste Mann in Europa, Fürst Metternich, den Festball anläßlich der Kaiserkrönung Franz II. in Frankfurt. Metternich hat sich dabei nicht Hals über Kopf in das seiner Meinung nach noch zu brave und scheue Mädchen verliebt. Doch schon wenige Jahre danach gehörte auch er zu den Großen, die Luise mehr als nur bewunderten. Der begehrteste, attraktivste, wildeste Preußenprinz ihrer Tage, Louis Ferdinand, als Kriegsheld verehrt, als Schwerenöter weithin bewundert, von Ehemännern ebenso gefürchtet, war auf den ersten Blick in Luise verliebt – und blieb es bis zu seinem Tod auf dem Schlachtfeld. König Friedrich Wilhelm III. hat diesen Mann geradezu gehaßt, weil er über all das verfügte, was ihm selbst fehlte: Kriegsglück, Tapferkeit, gewinnendes Auftreten – und weil er, der Schwarm aller Frauen, nicht aufhörte, die Königin anzubeten und ihr ungeniert den Hof zu machen. Luise begegnete ihm in ihrer offenen Art, errötete bei seinem Anblick und machte kein Hehl daraus, daß sie sich mächtig zu diesem Mann hingezogen fühlte – etwas, das man ihr bei Hofe selbstverständlich bereits wieder verübelte.

Louis Ferdinand mußte einsehen, daß die Königin sehr gerne mit ihm plauderte, mit ihm tanzte, sich in seiner Nähe besonders glücklich fühlte, jedoch niemals einen Schritt weiter gehen würde. So wandte er sich ihrer Schwester Friederike zu, die ihr zumindest äußerlich ähnlich war, und löste einen riesigen Skandal aus.

Zu gerne hätten die Klatschmäuler Luise auch ein Verhältnis mit Zar Alexander und mit Kaiser Napoleon angedichtet. Beide waren ohne Zweifel von der preußischen Königin stark beeindruckt. Und beide ließ auch sie spüren, daß der berühmte Funken übergesprungen war. So war sie: sehr direkt, unverhüllt, ohne diplomatische Tricks und Versteckspiele. Und genau das imponierte ihrem Volk und jedem, der mit ihr in Berührung kam. Daß sie kein oberflächliches, genußsüchtiges Wesen war, darauf aus, sich nur zu amüsieren, das erfuhr die Welt viel zu früh: im Augenblick größter Niederlage und tiefster Not in Preußen.

»Frauen haben sich nicht in Politik einzumischen«, hatte schon der alte König Friedrich Wilhelm II. seine Schwiegertochter zurechtgewiesen, als ihm hintertragen wurde, daß Luise sich nicht scheute, Mißstände und politische Fehler anzuprangern. In typisch weiblicher Intuition hatte Luise das drohende Unheil gewittert und auch gespürt, daß es nicht zu verhindern sein würde. »Du wirst mich vermutlich nie mehr so glücklich sehen wie damals, als Du mich verließest«, schrieb sie ihrem Bruder, als ihr Mann König wurde. »Alles um mich ist düster. Nichts als mein Fritzchen (ihr Sohn, der spätere König Friedrich Wilhelm IV.) lacht mich an. Und da möchte ich weinen, wenn ich den kleinen Engel sehe. Ich bin nicht zur Königin geboren, das glaube mir. Doch will ich gern das Opfer werden, wenn nur sonst in Zukunft dadurch was Gutes gestiftet werden kann...« Das klingt geradezu verstört. Es scheint überhaupt nicht zu der lebensfrohen Luise zu passen.

Doch vom Westen her begannen sich immer drohendere Wolken über dem Deutschen Reich zusammenzuziehen. Die deutschen Fürsten aber gaben ein mehr als kläglisches Bild ab.

Napoleon – bis zu ihrer Begegnung in Tilsit nannte ihn Luise nur den »Sohn der Hölle«, den »aus dem Kot

Emporgestiegenen«, den »Quell des Bösen« – überrollte mit seinen Truppen ein Land nach dem anderen. Die Kleinen, über hundert Kleinstaaten, läßt er von der Landkarte verschwinden. An die Großen verteilt er großzügig Königstitel – und läßt sich als Gegenleistung Soldaten geben, um damit das nächste Land zu überfallen. Zwischen Österreich und Preußen herrscht tiefes Mißtrauen. Es gelingt den beiden führenden Mächten in Deutschland nicht, sich zu einer gemeinsamen Aktion gegen die Franzosen zu verständigen. Auch mit dem russischen Zaren und mit England kommt es zu keiner gemeinsamen Front dem Korsen gegenüber. Schuld daran ist nicht zuletzt der preußische König, der sich am liebsten aus allem heraushalten möchte. Er glaubt, wenn er Frankreich keinen Grund zu einem Angriff liefert, wird Napoleon sein Land in Frieden lassen. Er verweigert den Russen, die den Österreichern helfen wollen, sogar den Durchzug durch sein Land, um Napoleon nicht zu verstimmen. Doch dann sind die Franzosen in Preußen, Österreich ist bereits geschlagen und das russische Heer weit weg. Preußen aber hat sich auf diesen Augenblick überhaupt nicht vorbereitet. Es verfügt zwar über mutige Soldaten, aber über kein schlagkräftiges Heer und schon gar nicht über eine entschlossene Führung.

Genau davor hatte Luise jahrelang gewarnt. Sie hat versucht, dem König tüchtige Berater zuzuführen, ihn selbst zur Entschlossenheit aufzumuntern. Vergeblich.

Der König erklärt Napoleon den Krieg, als es bereits viel zu spät ist. Seine Truppen werden verheerend geschlagen. Der König und seine Familie müssen nach Ostpreußen fliehen, Napoleon zieht in Berlin ein. Er zerstückelt Preußen und stellt unsinnig hohe Entschädigungsforderungen.

In diesem Augenblick tiefster Ohnmacht und Schmach ist Luise bereit, dem französischen Kaiser entgegenzutreten. Mit dem König verhandelt er schon nicht mehr. Ihn verachtet er. Doch von der stolzen, mutigen Haltung der Königin ist Napoleon angetan. Luise erreicht zwar so gut wie nichts, doch fortan hat er Respekt vor Preußen. Wichtiger aber: Die Preußen selbst fallen nicht in ohnmächtige Verzweiflung. Sie nehmen sich an ihrer Königin ein Beispiel und formieren sich zu neuem Widerstand.

Luise selbst hat den Triumph über Napoleon nicht mehr erlebt. Knapp drei Jahre nach der Tilsiter Begegnung mit Napoleon stirbt Luise an einer Lungenembolie – entkräftet, ausgelaugt, erschöpft von den vielen Schwangerschaften, den körperlichen Strapazen und den erlittenen seelischen Qualen.

Ganz Europa ist erschüttert über den frühen Tod der preußischen Königin. Am härtesten trifft es aber Friedrich Wilhelm III. Noch Jahre später spricht er »vom unglücklichsten Tag meines Lebens«. Er überlebte Luise um dreißig Jahre. Vierzehn Jahre nach ihrem Tod erst hat er eine andere Frau in seine Arme geschlossen. Doch mit Auguste Gräfin Harrach schloß er nur eine morganatische Ehe. Sie wurde zur Fürstin erhoben, aber nicht zur Königin. Der König legte Wert auf eine einigermaßen legale Verbindung. Vollgültig sollte sie nicht neben dem Liebesbund mit Luise stehen. Ihren Platz durfte niemand einnehmen.

Die Berliner hätten das auch nicht akzeptiert. Sie pilgerten zum Mausoleum im Park von Schloß Charlottenburg, um ihre Königin Luise, in edlen Marmor gemeißelt, zu verehren – ein Bild, das der so lebendigen Frau überhaupt nicht entsprechen konnte und das doch etwas von ihrer vornehmen Schönheit widerspiegelt.

Und die Frauen in Preußen – bald auch im ganzen deutschen Reich – sammelten alles, was sie von Luise wußten, und versuchten, wenigstens ein bißchen so zu werden, wie sie gewesen ist.

»Das hat Luise gesagt... So hat es die Königin gemacht...« So und ähnlich sagte man in Berlin, wollte man Nachdruck darauf legen, daß etwas richtig und besonders gut ist. Königin Luise wurde wie eine Heilige verehrt.

Luise litt seit ihrer Kindheit häufig unter Kopfschmerzen, Erkältungen, Halsschmerzen und, besonders oft, unter Zahnschmerzen. Glücklicherweise wurde sie später auf den Arzt und Wissenschaftler Professor Dr. Christian Wilhelm Hufeland aufmerksam, der sie nicht – wie weithin immer noch üblich – mit dem Aderlaß traktierte, sondern sie auf natürliche Heilmittel hinwies.

Die Fenchelsalbe der Königin Luise

Den Fenchel beispielsweise verwendete sie auf sein Anraten hin bald nicht nur als Heilmittel – vor allem im Tee mit Honig gesüßt zur Linderung des Hustens, Fenchelwasser als Augenbalsam (man kann das Fenchelwasser in der Apotheke kaufen), sondern auch als Hautpflegemittel. Königin Luise ließ sich aus Fenchel und Sonnenblumenöl eine Salbe für ihre zarte Haut herstellen.

Zur Zubereitung dieser Salbe braucht man:

20 Gramm Fenchelsamen
½ Tasse Sonnenblumenöl
1 Tasse Glyzerin

Der Fenchelsamen wird grob zerstoßen und in eine kleine Schüssel gegeben. Man gießt das Sonnenblumenöl darüber, deckt die Schüssel zu und läßt sie etwa vier Tage lang an einem nicht zu kühlen Ort stehen. Danach werden die Fenchel-Rückstände abgeseiht.

Man erwärmt das Glyzerin sehr vorsichtig und nur ganz leicht und rührt dann das Fenchel-Sonnenblumenöl darunter.

Diese Salbe massierte Luise vor allem in ihre schönen, vollen Brüste. Sie benützte sie zur Verhinderung von Schwangerschaftsstreifen, und sie griff danach, sobald sie irgendwo auf ihrer Haut eine leichte Entzündung oder eine kleine Unschönheit entdeckte. Angeblich hat ihr die Salbe immer wieder geholfen.

Kölnisch Wasser à la Luise

Bei Parfüms lehnte Königin Luise alles Schwüle, Sinnliche, Animalische entschieden ab und bevorzugte das Leichte, das Erfrischende. Moschus, Amber und andere orientalische Duftnoten waren am preußischen Hof verpönt. Mit Luise trat das Kölnisch Wasser seinen triumphalen Siegeszug durch Berlin an. Immer, wenn Luise sich bedrückt fühlte, wenn sie starke Konzentration brauchte, ließ sie sich ihr Kölnisch-Wasser-Fläschchen reichen − ein Duftwasser, das sie nicht fertig kaufte, sondern sich herstellen ließ.

Zu ihrem Rezept braucht man:

10 Tropfen Bergamottöl
10 Tropfen Rosenöl
5 Tropfen Orangenblütenöl
5 Tropfen Lavendelöl
100 Milliliter Alkohol, 30prozentig

Die Öle, sie dürfen nicht zu kalt, sondern sollen handwarm sein, werden miteinander vermischt und gut verschüttelt. Danach gibt man den Alkohol darüber und schüttelt erneut. Die Öle lösen sich im Alkohol besser, wenn dieser leicht angewärmt ist.

Schmerzmittel Arnika-Tinktur

Luisens Allheilmittel zum Einreiben schmerzender Glieder und gegen Kopfschmerzen war die Arnika-Tinktur, von der sie sehr viel gehalten haben soll. Auch diese Tinktur wurde im Berliner Schloß immer wieder auf einfachste Weise hergestellt.

Man braucht dazu:

Frische Arnika-Blüten – so viel, daß man eine Literflasche etwa zu drei Viertel damit füllen kann
Kornschnaps – so viel, daß die Flasche mit den Blüten damit ganz gefüllt werden kann

Die Blüten gibt man in die Flasche, der Schnaps wird darübergeschüttet. Die Flasche wird gut verschlossen und etwa drei Wochen lang an einem warmen Ort aufbewahrt. Danach seiht man die Blütenrückstände ab, gibt die Tinktur in die Flasche zurück und stellt diese in den Kühlschrank.

Bei Kopfschmerzen – so hat es Luise gemacht – gibt man etwas Arnika-Spiritus in ein Glas, verdünnt ihn mit der gleichen Menge Wasser und reibt damit die Schläfen, die Stirn, das Genick ein, je nachdem, wo die Schmerzen zu spüren sind.

Dieses Mittel hilft vor allem bei Wetterkopfschmerzen, bei Durchblutungsstörungen rasch und nachhaltig.

Man darf es nur nicht zu häufig anwenden, weil die Tinktur leicht die Haut reizt, sie rötet, im schlimmsten Fall sogar zur Bläschenbildung führt.

Die Quark-Honig-Creme

Milch, Milchprodukte sind immer wieder bevorzugt in der Schönheitspflege eingesetzt worden. Wie Königin Kleopatra schätzte Luise die Eselsmilch, wenngleich sie nur ein wenig davon im Badewasser verwendete und nicht in Eselsmilch pur badete. Wie ihre Kollegin Marie-Antoinette am französischen Königshof wusch sie gelegentlich Gesicht, Dekolleté und Arme mit frischer Buttermilch.

Ihre ganz persönliche Variation hieß aber Quark-Creme.

Sie ließ sich diese Creme einmal im Monat aus folgenden Zutaten zubereiten:

5 Eßlöffel Quark
2 Eßlöffel frische, süße Sahne
1 Eßlöffel Bienenhonig

Über den leicht zerstampften Quark gibt man die Sahne. Das wird gut verrührt. Dann kommt der kurz erwärmte (aber nicht erhitzte!) Honig hinzu. Nun muß noch einmal kräftig gerührt werden – am besten nimmt man dazu den elektrischen Rührer –, bis eine nahezu glatte Creme entstanden ist.

Diese Creme wird nun ziemlich dick auf die zuvor leicht angefeuchtete Haut aufgetragen. Sie bleibt, bis sie eingetrocknet ist, und wird dann mit lauwarmem Wasser wieder abgewaschen. Königin Luise hat mit der

Quark-Honig-Creme nicht nur die Gesichtshaut, sondern auch die Brüste gepflegt. Da sie, wie erwähnt, ein sehr offenherziges Dekolleté zu tragen pflegte, konnte sie sich keine Hautunreinheiten leisten. Ihre Haut war aber nicht sonnengebräunt und wurde nicht geschminkt und gepudert, so daß jeder noch so kleinste Fehler sofort ins Auge gesprungen wäre. Die alabaster-hellen Brüste bedurften also ganz besonderer Aufmerksamkeit. Mit der Quark-Honig-Creme, die von jeder Haut besonders gut vertragen wird, erreichte Luise das vollkommene Dekolleté.

Holunderblüten-Tinktur

Gewiß, Königin Luise besaß eine außergewöhnlich schöne, zarte Haut – doch diese war so beschaffen, daß sie stets darauf achten mußte, daß diese Haut nicht zu trocken wird, nicht zu schuppen beginnt. Eben aus diesem Grund verwendete sie nur sehr sanfte kosmetische Präparate. Ein Mittel, das Austrocknen der Haut zu vermeiden, war ihre Holunderblüten-Tinktur.

Dazu brauchte sie:

2 Handvoll frische Holunderblüten
50 Milliliter Rosenwasser
50 Milliliter Orangenblütenwasser
50 Milliliter Alkohol, 30prozentig

Die Holunderblüten werden in etwa ½ Liter Wasser eine Minute lang gekocht. Man nimmt den Topf vom Feuer, deckt ihn zu und läßt den Tee erkalten. Sobald er abgekühlt ist, wird er abgeseiht. Man drückt die Blütenreste gut aus.

Nun gibt man das Rosenwasser, das Orangenblütenwasser und schließlich auch den Alkohol bei. Das tut man am besten gleich in einer Flasche, denn jetzt muß kräftig geschüttelt werden. Die Tinktur verwendet man am besten nach der Reinigung der Haut, also immer, wenn man sich gewaschen hat, abgeschminkt ist. Man gibt ein paar Tropfen der Tinktur auf einen Wattebausch und tupft die Haut sorgfältig damit ab.

Sie werden feststellen, daß der Wattebausch auch bei vorausgehender sorgfältigster Reinigung noch schmutzig wird – ein Zeichen dafür, daß die Holunderblüten-Tinktur die Feinreinigung übernimmt. Zugleich enthält die Tinktur aber auch wertvolle Öle und zusammenziehende Stoffe, die sich wohltuend auf die Haut auswirken.

Diese Tinktur ist auch dazu geeignet, müde Augenlider und Krähenfüße unter den Augen zu behandeln: Ganz leicht, aber wenigstens einmal am Tag mit der Tinktur abtupfen.

Holundermus, Holunderwein, Holundersaft – das waren die Universalheilmittel unserer Großeltern. Kein Bauernhaus ohne Holunderstrauch. Holunderblüten und Holunderbeeren fanden vielfältige Verwendung in der Volksheilkunst und in der Schönheitspflege. Holunderblütentee beispielsweise war ein auch von der Königin Luise geschätzter Blutreinigungstee. In jedem Frühjahr, wenn der Holunder blühte, trank sie ihn kurmäßig, solange die Blüten frisch zu bekommen waren, also rund vier, fünf Wochen lang. Das war, wie sie sagte, ihr »Frühjahrsputz«, nicht zuletzt deshalb vorgenommen, damit der Körper es nicht nötig hat, angelagerte Giftstoffe über die Haut auszuscheiden. Kosmetik von innen, ohne die jede Anstrengung mit Salben, Cremen, Tinkturen, Seifen nutzlos ist. Unsere Haut ist nun mal ein Ausscheidungsorgan, um so gesünder und reiner, je weniger Giftstoffe es abzusondern gibt. Für Luise war das selbstverständlich, obwohl sie dank ihrer recht trockenen Haut nur wenig mit Pickeln und dergleichen zu tun hatte.

KAISERIN ELISABETH

(1837 – 1898)

»Oh, daß ich nie den Pfad verlassen,
Der mich zur Freiheit hätt' geführt!
Oh, daß ich auf der breiten Straßen
Der Eitelkeit mich nie verirrt!

Ich bin erwacht in einem Kerker,
Und Fesseln sind an meiner Hand.
Und meine Sehnsucht immer stärker –
Und Freiheit! Du, mir abgewandt!

Ich bin erwacht aus einem Rausche,
Der meinen Geist gefangenhielt.
Und fluche fruchtlos diesem Tausche,
Bei dem ich Freiheit! Dich – verspielt.«

Sie hat diese Verse selbst verfaßt – nicht etwa als alte Frau, die sich der Resignation ergeben hat, sondern als blutjunge, von aller Welt umschwärmte Kaiserin in Wien, als First Lady Europas, nur wenige Jahre nach der glanzvollen Hochzeit. Die lebenslustige kleine Sissi von Possenhofen am Starnberger See, aufgewachsen mit zahmen Rehen, Kaninchen, Lämmern, großgeworden in der idealen Geborgenheit einer Großfamilie mit acht Kindern, auf dem Land, in gesunder, freier, ungebundener Natur – hat sich wiedergefunden im goldenen Käfig, in ›Einzelhaft‹ des Schlosses Laxenburg. Die junge Kaiserin spürt, daß sie dort verkümmern muß. Hätte was Schlimmeres dem scheuen, stark nach innen gerichteten Wesen, das so sehr nach Freiheit dürstete, widerfahren können? Die Einsamkeit hätte Sissi ertragen können. Schon als Kind und junges Mädchen hat sie immer wieder das Alleinsein gesucht. Doch nicht, um anderen Menschen aus dem Weg zu gehen, sondern um mit der vielfältigen Natur Zwiesprache zu halten. Das Eingesperrtsein in die kalte Pracht der kaiserlichen Schlösser und strenge, weithin sinnlose Hofregeln, das widersprach ihrem Naturell ebenso wie gestutzte Flügel einem Falken. Als die junge Prinzessin aus Bayern im August 1853 dem jungen österreichischen Kaiser Franz Joseph begegnete, war Sissi sechzehn Jahre alt, ein keckes, unverbildetes, bildschönes –

zugleich aber auch tiefernstes, fast schon etwas melancholisch angehauchtes Mädchen mit einmalig schönem, vollem, goldbraun-schimmerndem Haar. Völlig unbefangen trat sie den hohen Verwandten gegenüber. Denn nicht sie, ihre Schwester Helene sollte die Braut des Kaisers werden. Jener galt die strenge Musterung der Kaiserinmutter Erzherzogin Sophie und des Wiener Hofadels. Für sie, so glaubte sie, konnte sich bei dieser Begegnung nichts Dramatisches ereignen, nichts, das sie hätte bedrücken müssen. Doch dann wurde der Augenblick in Bad Ischl doch zur Schicksalsstunde. Hätte die kleine Prinzessin geahnt, was sich daraus entwickelt, sie wäre davongestürzt. Der dreiundzwanzigjährige Kaiser, der erste Mann Europas, vielleicht sogar der ganzen Welt, war hingerissen – von Sissi. Ihn bezauberte ihre natürliche, unverbildete Schönheit, ihre graziöse Anmut, die ihn, den leidenschaftlichen Jäger, an ein wunderschönes scheues Reh erinnerte.

Nicht Helene, Sissi wollte er zu seiner Frau haben. Er hatte seine kleine Kusine schon einmal getroffen, als er mit achtzehn Jahren in Innsbruck weilte. Doch damals ist Elisabeth noch ein kleines elfjähriges Gör gewesen, dem er nicht die geringste Beachtung geschenkt hatte.

Inzwischen war sie zu einer blendenden Schönheit herangewachsen. Wohl niemals zuvor und auch nicht später ist einer Frau so viel Bewunderung von allen Seiten gezollt worden, wie Elisabeth sie ihr ganzes Leben lang unvermindert, ja in steigendem Maße entgegennehmen durfte. Die Formulierungen überschlagen sich förmlich.

Der Kaiser selbst sah in ihr stets nur ein himmlisches Wesen, seine »teuere geliebte Seele«, seinen »guten Engel« – zu gut, zu edel, zu sanftmütig und zu sensibel für diese Welt. Praktisch vom ersten Augenblick an hat er sie angebetet und – selbst für ihn schließlich kaum mehr erreichbar – auf einen hohen Altar gehoben.

Eine Hofdame, die zu diesem Zeitpunkt Elisabeth noch keineswegs gewogen war, weil sie viel zu stark unter dem Einfluß der Erzherzogin Sophie stand, berichtet nach der Krönung in Ungarn nach Wien: »Ihre Majestät sah beim feierlichen Akt selbst ganz überirdisch schön aus, bewegt und gesammelt wie eine Braut. Mir schien auch, daß sie es so auffaßte.« Englische Zeitungen nennen sie zur selben Zeit »eines der edelsten Wesen der Erde«.

Ein ungarischer Dichter, verzückt von ihrer Schönheit, schwärmt: »Wir sehen in ihr nicht die Königin, nicht die Frau, sondern den Genius unseres Landes.«

Marie Festetics, die Vertraute Elisabeths, notierte in ihrem Tagebuch nach einem Spaziergang mit der Kaiserin: »Neben ihr ist es köstlich und auch hinter ihr. Das Schauen allein genügt. Sie ist die Verkörperung des Begriffs Lieblichkeit. Einmal denke ich, sie sei eine Lilie, dann wieder: ein Schwan, eine Fee oder eine Elfe. Zum Schluß wieder: Nein, eine Königin. Vom Scheitel bis zur Sohle ein königliches Weib, in allem edel und fein... Kurz gesagt, sie ist bezaubernd schön und anmutig...« Ein andermal, als die Kaiserin schon siebenunddreißig Jahre alt ist: »Sie hat etwas vom Schwan, etwas von der Lilie, etwas von der Gazelle, aber auch von der Melusine. Königin und Fee zugleich, märchenhaft und hoheitsvoll, graziös und würdevoll, so ist sie, ohne jede Übertreibung und ganz objektiv. Schade, daß kein Bild es wiedergeben kann und es Menschen gibt, die sie nicht sehen.« Der Schah von Persien nennt sie eine Göttin, die »schönste Frau, die ich je gesehen habe. Diese Würde! Dieses Lächeln, diese Güte! Nie wird ihr Bild in mir verbleichen.«

Die überschwenglichen Schilderungen ließen sich fast unbegrenzt weiterführen. Manchmal bekommt man den Eindruck: Viele Menschen mögen die österreichische Kaiserin gehaßt haben – nicht zuletzt der Wiener Hochadel, der in ihr einen Eindringling, in ihrer kapriziösen und oft geradezu revolutionären Denk- und Handlungsweise eine Gefahr für die k. u. k. Monarchie witterte – ihrer faszinierenden Erscheinung konnte sich keiner entziehen. Wo Elisabeth auftauchte, verwandelte sich Abneigung in Bewunderung, Begeisterung, Jubel. Wer sie näher kennenlernen durfte, konnte sich fortan ihrem Bann nicht mehr entziehen.

Das Urteil ihrer Zeitgenossen ist einstimmig: Keine andere Frau konnte sich, was Schönheit und Würde anbetrifft, mit ihr messen. Auch die vielbewunderte Kaiserin von Frankreich, Eugénie, die einmal, von der Neugierde getrieben, mit Elisabeth in Salzburg zusammentraf, verblaßte neben ihr. Nicht nur gekrönte Häupter standen fassungslos dieser ›Hoheit‹ gegenüber. Ganze Völker vergaßen ihren Haß gegen das Haus Habsburg, sobald Elisabeth zu ihnen kam, und waren glücklich und stolz, sie als Herrscherin zu haben.

Das alles ist aus heutiger Sicht und von ihren Bildern her nicht ohne weiteres zu verstehen. Gewiß, Elisabeth muß eine nahezu makellose Schönheit gewesen sein, hochgewachsen, ungewöhnlich schlank mit einer fast beängstigend schmalen Wespentaille. Sie hatte wunderschönes, volles und meterlanges Haar mit einem samtenen goldblonden Schimmer. Für ihre Zeit besaß sie eine sehr sportliche, durchtrainierte Verfassung. Aber: War Sie wirklich eine Frau, in die man sich verlieben mußte, ob man wollte oder nicht?

Die Fotografien und Gemälde von Sissi lassen Zweifel offen. Zumindest springt von ihnen – wie Gräfin

Marie Festetics schon bemerkte – die Faszination nicht unbedingt auf den Betrachter über. Diese Bilder zeigen sie beinahe ausnahmslos puppenhaft erstarrt, leblos und kühl wie Porzellan. Kein Lächeln, kein Aufblitzen der Augen, sondern nur Unnahbarkeit, um nicht zu sagen Verschlossenheit.

Doch offensichtlich ist Sissi so nicht gewesen, wenngleich viele, die sie nicht persönlich gekannt haben, sie so gesehen haben.

Das ungewöhnliche Charisma dieser Frau muß von ihrer Lebendigkeit ausgegangen sein, nicht vom Ebenmaß ihrer Züge, eine sehr spontane Zuwendung aus der Situation heraus, die aber alsbald in sich verkroch, sobald so etwas wie Zwang oder Verpflichtung oder Forderung an sie herangetragen wurde.

Elisabeth begann vor allem dann zu leben, wenn ihr Not und Elend begegneten. Sie ließ sich von keiner Hoforder abhalten, Kranken die Hand zu geben und sogar das Choleraspital zu besuchen, um Sterbenden Trost zu spenden. Sie besuchte Lazarette und Irrenanstalten und wünschte sich zum Geburtstag das Geld für ein neues ›Narrenhaus‹.

Und das, obwohl sie sich von allem, was nicht schön, nicht gesund, nicht sympathisch war, mächtig abgestoßen fühlte.

Elisabeth ist von Millionen geliebt und verehrt worden, wie vielleicht keine zweite Frau – und hat doch zeitlebens in dem Wahn gelebt, ungeliebt, unverstanden, ja gehaßt zu sein. Wenn sich die Menschen in ihre Nähe drängten, empfand sie nur das Gefühl, angestarrt zu werden wie ein exotisches Tier, um sich alsbald hinter dem Fächer zu verstecken. Sobald sie die offiziellen Pflichten der Kaiserin übernehmen sollte, geriet sie beinahe in Panik, fühlte sich eingespannt in das ›Geschirr‹, so nannte sie ihre prachtvollen Gewänder, den Schmuck, die Zeichen ihrer Würde, wurde krank und suchte alldem zu entfliehen. So herzlich und innig sie sich dem einzelnen zuwenden konnte, speziell dann, wenn sie Mitleid empfand, so sehr erschreckte sie die Menge. Der Kaiser liebte sie über alle Maßen und unverändert bis zu ihrem tragischen Tod. Und doch hielt es sie nie in seiner Nähe. Fast könnte man ihr Verhalten ihm gegenüber als grausame Kälte bezeichnen. Drei Viertel ihres gemeinsamen Lebens – und es waren immerhin fast vierundvierzig Jahre – verbrachte sie getrennt von ihm. Sie war auf Reisen – überall, nur nicht zu Hause. Sie fuhr nach Spanien, nach Griechenland, nach England, nach Irland, nach Frankreich, nach Nordafrika – vor allem aber immer wieder nach Possenhofen und nach Ungarn. Und jede dieser Reisen war eine Art Flucht: nur weg von Wien. Weg von den Pflichten. Weg vom ›Geschirr‹, in das man sie zwingen wollte.

Damit aber auch weg vom eigenen Mann, weg auch vielleicht von den Kindern. Drei von ihnen sind groß geworden – beinahe ohne Mutter. Die Älteste, Sophie, starb schon mit zwei Jahren. Die ›böse Schwiegermutter‹, Erzherzogin Sophie, war keinesfalls so unausstehlich, feindselig gesinnt, wie sie gerne hingestellt wird. Falschheit oder gar Intrige waren der frommen Frau völlig fremd. Niemals hätte sie Elisabeth in voller Absicht ein Leid zugefügt. Sie wollte immer nur das Beste für das Haus Habsburg und für ihren Sohn, den Kaiser.

Die beiden schon im Charakter so verschiedenen Frauen Elisabeth und Sophie hatten niemals eine Chance, einander zu verstehen oder gar zu lieben, zwischen ihren Lebensauffassungen lagen Welten.

Sophie war die Verkörperung der Etikette und kannte nur ein Ziel, die österreichische Monarchie zu festigen und dazu beizutragen, daß der Kaiser wieder zum Herrscher über ganz Deutschland wird, wie er es früher einmal gewesen war. Dieser Aufgabe hatte sich nach ihrem Verständnis alles unterzuordnen – notfalls mußte selbst das persönliche Glück geopfert werden. Daß Sophie Elisabeth die Kinder wegnahm, das war keine Bosheit oder Rivalität, sondern – wie seinerzeit an allen Fürstenhöfen – Selbstverständlichkeit: Monarchen hatten kein Anrecht auf Elternglück. Es hätte ja durch übertriebene Fürsorge der bestmöglichen Erziehung der Thronfolger im Wege stehen können. So wie Aufständische, die sich gegen die Monarchie oder gegen die Einheit des Reiches erhoben hatten, gnadenlos hingerichtet wurden, so sah es Sophie als ihre höchste Pflicht, dafür zu sorgen, daß im Kaiserhaus selbst keine Regung Platz fand, die der Monarchie auch nur den geringsten Verlust an Ansehen hätte einbringen können.

Elisabeth dagegen lechzte nach Freiheit und Unabhängigkeit, nach natürlichen Lebensformen. Sie wollte sich freuen und jedem mitteilen, daß das so ist. Sie versuchte die verkrusteten Regeln, die das Leben zu ersticken drohten, zu beseitigen, damit am Hofe jeder aufatmen kann. Sie war keine Monarchistin, nicht besonders stolz auf ihren Stand und sah keinen Sinn darin, ein System unter allen Umständen zu verteidigen, das den Völkern so viel Leid und Ungerechtigkeiten bescherte. Ihrer Zeit weit voraus, huldigte sie eher demokratischen, liberalen Ansichten. Der Schwiegermutter mußte sie vorkommen wie der Teufel selbst, der sich unter einer wunderschönen Larve in die Hofburg eingeschlichen hatte, um dem Hause Habsburg den Todesstoß zu versetzen.

Die Gegensätze waren unüberbrückbar, die Zusammenstöße vorprogrammiert.

Elisabeths Mann, der Kaiser, aber stand zwischen den beiden Frauen – unfähig, sich klar und unmißverständlich zur Mutter oder zur geliebten Gattin zu bekennen. Der Mutter verdankte er die frühzeitige Thronbesteigung. In ihrer Denkweise war er erzogen. Unter Sissis Einfluß begann er zwar zu ahnen, daß vieles an seiner Welt faul und krank war. Doch zu einer wirklichen Revision konnte er sich nicht aufraffen. Er blieb letztlich dem Erbe seiner Mutter treu, akzeptierte es gewissermaßen als notwendiges Übel.

Sissis Welt erschien ihm faszinierend schön – doch er hielt sie für gefährlich: für ein Ideal, das nur in Träumen existieren darf, sich letztlich aber nicht realisieren läßt. Von der Welt, in der Sissi zu leben versuchte, träumte er, wie ein Eskimo im ewigen Eis von der Südsee träumen mag.

Elisabeth liebte ihren Kaiser. Vielleicht muß man sagen: Sie war ihm absolut treu ergeben. Sie stand zu ihrem Ja-Wort. Sie achtete seine korrekte Haltung – doch sie konnte sie nicht verstehen. Der eigene Mann war ihr zu fremd, als daß sie ihn hätte mit allen Fasern ihres Herzens lieben und verehren können. Man muß sich das vorstellen: Sie, die Temperamentvolle, die Freiheitsdurstige, mußte schon wenige Tage nach der Hochzeit feststellen, daß sie zwar einen grundgütigen, weichherzigen, über und über anständigen und vornehmen Mann geheiratet hatte – daß dieser Kaiser aber nicht etwa ein Mann mit Macht, mit Entscheidungsfreude, mit Souveränität, sondern im Grunde ein äußerst pflichtbewußter, überaus fleißiger, aber ebenso spießiger Beamter war, der genausogut wie in der Hofburg in irgendeiner kleinen Behörde hätte sitzen können. Morgens um vier Uhr stand er auf, um sieben Uhr verließ er das Heim, um ins ›Büro‹ zu gehen. Spät am Abend kehrte er erschöpft, von Sorgen und Skrupeln geplagt, endlich wieder zurück. Für seine Frau hatte er niemals richtig Zeit. Sie mußte das verstehen, daß die Pflicht Vorrang hatte – dokumentiert durch die Uniform, die er immer trug. Franz Joseph war zudem noch ein Muttersöhnchen, immer darauf bedacht, keine Entscheidung zu fällen, die Sophie kränken könnte.

Das vielleicht Schlimmste aber: Er war auch noch der notorische Verlierer: Stück um Stück seines Landes und ein Krieg nach dem anderen gingen verloren. Während seiner achtundsechzigjährigen Regierung schrumpfte die Großmacht Österreich zum europäischen Kleinstaat zusammen.

Elisabeth hat diese Entwicklung vorausgesehen und sich vergeblich bemüht, auf den Kaiser und seine Politik positiven Einfluß zu gewinnen. Doch er sah in ihren Ideen nur die große Versuchung, vom rechten Weg abzuweichen. »Du mit deiner Wolkenkraxlerei«, meinte er nachsichtig lächelnd. Er verstand sie ebensowenig wie sie ihn. Das war die große Tragik dieser Ehe, das schwere Schicksal von Franz Joseph und Elisabeth.

Sissi selbst konnte ein Ziel ertrotzen – doch sie war keine Kämpfernatur. Es stimmt keineswegs, daß die junge Frau an Tuberkulose erkrankte und sich deshalb in Madeira und auf Korfu aufhalten mußte, weil das Klima in Wien für sie zu schlecht war. Tatsache ist: Sissi verfügte über eine ungewöhnlich stabile Gesundheit. Noch mit fünfzig Jahren galt sie als eine der verwegensten Reiterinnen, der erprobte Männer auf großen Fuchsjagden kaum zu folgen vermochten, obwohl sie im damals noch üblichen Damensattel ritt. Hätte es damals schon wieder olympische Spiele gegeben, Elisabeth wäre sicherlich dabei gewesen – als Siegerin, so leidenschaftlich gern und so gut ritt sie. Mit fünfundfünfzig, sechzig Jahren legte sie noch sechsstündige Gewaltmärsche zurück, die ihre Begleitungen, auch Männer, zur Verzweiflung brachten. Von Possenhofen ging Elisabeth zu Fuß nach München. Das waren immerhin rund dreißig Kilometer. Krank wurde die Kaiserin immer nur, sobald sie in Wien, in der Hofburg, in Laxenburg, in Schönbrunn, unter blasierten Höflingen und eingepfercht in die Hofetikette leben mußte. Dann fing die Kaiserin alsbald an zu hüsteln, bekam Fieber, Kopfschmerzen, so daß die Ärzte gleich das Schlimmste befürchten mußten. Hatte sie öffentlich zu erscheinen, plagte sie alsbald das ›Hofballkopfweh‹, wie ihre Tochter Valerie einmal lästerte. Gesund war sie wieder nahezu augenblicklich, sobald sie Wien den Rücken gekehrt hatte oder eines ihrer Lieblingspferde bestieg. Sigmund Freud hätte keine Schwierigkeiten gehabt, diese ›Wechselkrankheit‹ einzuordnen.

Kein Zweifel: Sissi setzte ihr Kranksein auch gezielt – ob bewußt oder unbewußt – als Mittel der Erpressung gegen den Kaiser und seine Mutter ein. Sie hatte erfahren, wie besorgt er um sie und ihr Wohlergehen war und wie schnell bereit, auf ihre Gegenwart zu verzichten, sobald es auch nur eine Andeutung von Unwohlsein gab. Auch seine Mutter gab jeweils alsbald nach und übte Verzicht, sobald Elisabeth wieder einmal krank wurde. Das mag ungerecht, sogar bösartig klingen. Doch wie gesagt: Elisabeth war keine Kämpfernatur. Sie hatte nie gelernt – schon gar nicht im Elternhaus –, sich mit anderen Mitteln durchzusetzen.

Hat sie vielleicht auch Gefallen gefunden an Schmerz und Traurigkeit – sich wohlbewußt, daß diese Schwermut bei den Leuten besonders gut ankommt, daß das Mitleid die so schöne, aber auch so traurige Kaiserin doppelt in ihr Herz schließt? Schon die junge Prinzessin von Possenhofen galt als sehr wechselhaft in ihrer Gemütsverfassung. Bald war sie ausgelassen wie ein Kobold, konnte lachen, daß sie alle anderen laut übertönte. Dann verfiel sie in einen tiefen Ernst, wurde schlagartig melancholisch, kaum ansprechbar.

»Immer faßt es mich mehr, es fehlt ihr an Lebensfreude«, notierte Gräfin Festetics in ihr Tagebuch. »Die Kaiserin ist lieb und gut, aber sie macht sich alles zur Qual. Was für andere eine Quelle reiner Freude ist, wird ihr zum Quell des Unbehagens. Sie kommt mir vor wie ein Kind aus der Feenwelt: Da kamen viele gute Feen und legten ihr eine schöne Gabe nach der anderen in die Wiege – Schönheit, Lieblichkeit, Anmut, Vornehmheit, Einfachheit, Güte, Edelmut, Geist, Witz, Schalkhaftigkeit, Scharfsinn und Klugheit. Da kam aber die böse Fee und sagte: ›Alles hat man dir gegeben, wie ich sehe. Alles. Aber ich will alle diese Eigenschaften gegen dich selbst kehren, und keine Freude soll dir daraus erblühen. Ich gebe dir nichts. Ich nehme dir aber ein hohes Gut, das wenig beachtet ist, aber ach, so nötig, um das Gleichgewicht der Seele zu erhalten, um in Harmonie des Herzens glücklich zu sein und dem Gemüte Frieden zu geben. Ich nehme dir, was der Mensch unbewußt in sich trägt: das Maßhalten in deinem Tun, Treiben, Denken und Empfinden. Nichts soll dir zur Freude werden, alles sich gegen dich kehren, selbst deine Schönheit dir nur Leid schaffen. Dein hoher Geist soll so tief in die Dinge eindringen, bis er dich auf Irrwege bringt und du die Menschen verachtest. So wirst du den Glauben an Güte und Liebe und das Vertrauen in die Besten verlieren und gerade dort geben, wo es dann wieder mißbraucht wird. So wirst du deine Seele mit Widerwillen und Bitterkeit erfüllen, bis du deinen Frieden nicht mehr finden kannst.‹ Manchmal höre ich Worte und sehe, daß sie leidet. Ich fürchte, ich bleibe im Rechte – und gäbe doch mein Leben für ihr Glück!«

Man hat oft versucht, Elisabeths Schwermut mit der ›Familienkrankheit‹ der Wittelsbacher in Verbindung zu bringen: War sie letztlich nicht wie der Bayernkönig Ludwig II. – oder gar sein Bruder Otto, der im Irrenhaus starb? Man verwies darauf, daß die Ehe zwischen Elisabeth und Kaiser Franz Joseph bereits die zweiundzwanzigste Verbindung zwischen den Häusern Habsburg und Wittelsbach gewesen ist. Die Mütter von Elisabeth und Franz Joseph waren Schwestern. Außerdem bestand auch noch eine Verwandtschaft im vierten Grad von den Vätern her.

Gewiß. Nur: Elisabeth war nicht Ludwigs Kusine, auch wenn der König sie stets so nannte. Gemeinsam als Ahnen hatten sie nur den ersten bayerischen König Maximilian I. Er war Elisabeths Großvater, Ludwigs Urgroßvater. Man könnte Elisabeth also als Tante Ludwigs bezeichnen. Schon die Großmutter beziehungsweise Urgroßmutter war nicht mehr dieselbe, weil Ludwig der ersten, Elisabeth der zweiten Ehe König Maximilians entstammte. Elisabeth war also mit ihrem eigenen Mann näher verwandt als mit Ludwig II. Seine Krankheit und ihre Niedergeschlagenheit hatten wohl nichts miteinander zu tun. Ihre Großeltern und Eltern waren durchaus gesunde, ›normale‹ Menschen. Trotzdem war sie von der unerklärlichen Traurigkeit erfüllt, die niemand verstehen konnte, die ihren Oberhofmeister einmal zur Meldung nach Wien veranlaßte: »Ihrer Majestät geht es Gott sei Dank gut, aber leider ist ihr Gemütszustand nicht so, wie ich es gerne sehen würde. Grund dazu gibt es keinen, aber trotzdem ist sie gemütskrank. Da sie so mutterseelenallein lebt, so redet sie sich immer mehr hinein.« Gab es wirklich keinen Grund? In späteren Jahren ist Elisabeth, vom Verfolgungswahn gepeinigt, buchstäblich verstummt. Sie sprach nur noch das Nötigste, und das knapp, kurz und nur ein einziges Mal. Wenn, was häufig vorkam, Franz Joseph sie nicht verstanden hatte, mußte Tochter Valerie den Satz wiederholen. Elisabeth tat es nicht. Sie vertiefte sich in ihre Gedichte, die ihre ganze Seelenschwere widerspiegeln. Sie las die romantischen Dichter, vor allem Heinrich Heine und Lord Byron. Ihnen fühlte sie sich seelenverwandt. Von der Umwelt zog sie sich in sich zurück, als ginge diese sie nichts mehr an.

Man darf auch nicht vergessen, daß der Kaiserin von Österreich so gut wie nichts geschenkt wurde. Mit sechzehn Jahren mußte sie von zu Hause weg und fortan in fremder Umgebung leben. Mit zwanzig Jahren verlor sie ihre älteste Tochter Sophie. Der Thronfolger Rudolf, ihr Sohn, der ihr eigentlich nur Kummer bereitet hatte, beging am 29. Januar 1889 in Mayerling mit seiner Geliebten Mary Vetsera Selbstmord; sie und Franz Joseph hatten also keinen direkten Nachfolger. Dazu ein Krieg nach dem anderen. Elisabeth war sogar gezwungen, mit ihren Kindern nach Ungarn zu fliehen, als die Preußen in Wien einzogen. Die Schwester in Neapel verlor ihren Thron, der Schwager Maximilian, Kaiser von Mexiko, wurde erschossen. ›Vetter‹ Ludwig II., der Bayern-König, kam am Starnberger See ums Leben, nachdem er wegen geistiger Umnachtung abgesetzt worden war.

Ihr Mann hatte sich als Freundin – vielleicht auch als Geliebte? – die Wiener Burgschauspielerin Katharina Schratt zugelegt, der er dreißig Jahre lang die Treue hielt. Im Gegensatz zu Elisabeth war sie stets heiter, unkompliziert, ausgeglichen. Katastrophen über Katastrophen! Bis hin zum eigenen Tod.

Elisabeth wurde 1898 in Genf von einem Anarchisten auf offener Straße mit einem dreikantigen Stilett erstochen.

Die eigentliche Kommunikation Elisabeths mit ihrer Umwelt war und blieb die Pflege ihres Äußeren. Darin war sie allerdings eine Meisterin. In ihrer Zeit war die modische Befreiung einer Königin Luise bereits wieder vorbei. Man trug statt der leichten, ›frivolen Hemdchen‹ wieder schwere, enge, steife Kleider. Und Elisabeth mußte sich an manchen Tagen fünfmal umziehen.

Die Krinoline beispielsweise war mit Fischbeinstäbchen und -reifen und Roßhaarverflechtungen ausgestattet – für jede Frau eine einzige Tortur. Später ersetzten die Modeschöpfer die Fischbeinstäbchen sogar durch ein Stahlgestell.

Elisabeth schnürte sich besonders eng. Es ist auch bekannt, daß sie oft monatelang der schlanken Linie wegen nur sehr wenig, streckenweise praktisch überhaupt nichts aß. In späteren Jahren litt sie ihrer Hungerkur wegen an sogenannten Hungerödemen.

Sie hatte durch Wasseransammlungen aufgeschwollene Beine, Modetorheiten, ohne Zweifel.

Wahrscheinlich hing damit und mit dem Wohnen in kalten, zugigen Räumen, mit Übertreibungen im Reitsport auch ihr Ischias zusammen, unter dem sie im Alter litt. In jedem Jahr fuhr sie der Schmerzen wegen zur Kur nach Bad Kissingen. Zu Hause hatte sie allerdings auch ein Turnzimmer eingerichtet, heute würde man vom Fitnessraum sprechen. Es war ausgestattet mit Turngeräten, Hanteln, Ringen. Und sie übte ziemlich regelmäßig, um sich in Form zu halten.

Um ihrer Gesundheit zu dienen, trank sie besonders gerne frische Milch und bevorzugte einfache, natürliche Speisen und viel Obst.

Sissis Lavendelgeist

Das Parfüm der Kaiserin, Beruhigungsmittel und Mittel gegen ihren Husten zugleich war Lavendel, ihre Lieblingsblume neben der Rose. Sissi duftete immer nach Lavendel. Ein Tüchlein, getränkt mit Lavendelgeist, soll sie stets am Busen getragen haben.

Und so ließ sie ihn sich zubereiten. Man braucht:

50 Gramm frische oder
60 Gramm getrocknete Lavendelblüten
½ Liter Alkohol (50- bis 80prozentig)
¼ Liter abgekochtes Wasser

Die Lavendelblüten werden in eine Flasche gegeben. Darüber gießt man den Alkohol. Die Flasche wird gut verschlossen und drei bis vier Wochen, je nach Wetter, an die Sonne gestellt. Danach filtert man den Blütensatz ab, drückt ihn kräftig aus und gibt das abgekochte Wasser dazu.

Diesen Lavendelgeist sollte man immer greifbar haben, wenn man sich unwohl, innerlich unruhig, bedrückt fühlt. Speziell in Wien ist es heute noch Sitte, Lavendelkissen (das sind kleine Täschchen, gefüllt mit Lavendelblüten) unter das Kopfkissen und ins Bettchen von Säuglingen zu legen. Sie vermitteln mit ihrem angenehmen Duft einen raschen, gesunden Schlaf und verhüten — das ist nachgewiesen — Verkrampfungen und Krampfanfälle.

Die Lilien-Schönheitscreme der Kaiserin

Ein besonderes Merkmal der Schönheit Elisabeths war ihre makellos reine und helle Haut. Obwohl sich Elisabeth gerne und ausgiebig in der Natur aufhielt und sich der Sonne aussetzte, war sie nie braungebrannt, sondern besaß immer einen außergewöhnlich hellen Teint. Ihr ›Heimrezept‹ war die Liliencreme, die ihr stets frisch hergestellt werden mußte.

Die Zutaten:

2 frische Lilienblüten, weiß
2 Eßlöffel Bienenhonig
20 Gramm weißes Wachs
½ Tasse Olivenöl
½ Tasse Orangenblütenwasser
4 Teelöffel Lanolin

Die Lilienblüten werden in kleine Stückchen zerschnitten. Sie gibt man in eine Tasse und übergießt sie mit dem Olivenöl. Die Tasse deckt man zu und läßt sie eine Woche lang an einem warmen Ort stehen. Danach wird das Öl durch ein Leinentuch gegossen, werden die Blütenrückstände kräftig ausgepreßt.

Verrühren Sie sodann das Öl mit dem Bienenhonig. Der Honig darf nicht erhitzt, höchstens etwas erwärmt werden!

In einem Kochtopf wird sodann das weiße Wachs bei ganz kleiner Flamme und unter ständigem Rühren zum Schmelzen gebracht. Sobald es schön weich geworden ist, gibt man das Öl-Honig-Gemisch und das Orangenwasser bei. Keine Sorgen, wenn sich das nicht sofort bindet. Denn jetzt kommt ja noch das Lanolin. Machen Sie es im Wasserbad flüssig und geben Sie es dann bei. Nun müssen Sie nur noch so lange rühren, bis die Creme kalt und fest geworden ist.

Bewahren Sie die Liliencreme im Kühlschrank auf – und zwar in einem geschlossenen Gefäß. Verwenden Sie die Creme morgens nach dem Waschen. Nehmen Sie nur ganz wenig davon, aber verwenden Sie die Creme nicht nur im Gesicht, sondern auch im Dekolleté, auf den Handrücken und den Armen. Auch die Beine können Sie damit eincremen.

Diese Liliencreme ist in erster Linie keine Nährcreme – also auch nicht für die Nacht geeignet, sondern eine Schutzcreme. Sie hält die Haut feucht, weich, geschmeidig, schützt vor Sonnenschäden und damit nicht zuletzt vor Faltenbildung und vor dem vorzeitigen Dünn- und Ledern-Werden. Eine bereits geschädigte, tiefbraune, alte Haut läßt sich mit der Liliencreme kaum noch hell machen. Doch eine junge, gesunde Haut bleibt auch bei großer Beanspruchung hell und gesund. Deshalb muß man mit der Anwendung frühzeitig beginnen.

Wie alle Naturrezepte ist auch dieses nicht lange haltbar, da ihm keine Konservierungszusätze beigegeben sind. Wenn Sie diese Creme also ausprobieren wollen, sollten Sie sich darauf einstellen, sie alle vierzehn Tage neu herzustellen. Da die Liliencreme eine typische Sommercreme ist, dürfte es nicht schwerfallen, die Lilienblüten zu bekommen.

Sissis Kräuter-Haarpulver

Zweifellos der schönste Schmuck war ihr Haar. Es gibt ein Bild der Kaiserin mit offenem, gelöstem Haar. Es soll das Lieblingsbild Franz Josephs gewesen sein, das sein ganzes Leben in seinem Arbeitszimmer stand, so daß er es stets im Blickfeld hatte. Man ist überzeugt, der Maler habe übertrieben, so lang und so dicht ist Sissis Haar. Doch ihre Zeitgenossen bestätigen, diese Haarfülle habe sie tatsächlich besessen. Wahr ist aber auch, daß sie nicht etwa nur zwanzig oder dreißig Minuten, sondern Stunden, zwei, drei Stunden täglich, ihr Haar bürsten ließ. Diese Zeit benützte sie, um Ungarisch zu lernen oder zu lesen.

Dieses Bürsten war die eigentliche Haarpflege. Das Haar wurde selten gewaschen und wenn,. nur mit lauwarmem, klarem Wasser. So haben es übrigens auch unsere Großeltern noch gehalten. Erstaunlicherweise wird das Haar auf diese Weise nicht fett, sondern behält seinen schimmernden Glanz, bleibt weich und – gesund. Viel Fettigkeit der Haare ist tatsächlich eine Reaktion auf gewaltsame Behandlungen: Hitze, Nässe, chemische Mittel entziehen das Fett viel zu stark, so daß der Körper panikartig die Fettproduktion erhöht.

Drei-, viermal im Jahr ließ Sissi ihr Haar mit einem Pulvergemisch bürsten, das wie ein gutes, natürliches Shampoo wirkt.

Die Zutaten:

50 Gramm Veilchenwurzpulver
25 Gramm Brennesselblätter
25 Gramm Rosenblätter

So hat sie es angewendet:
Man füllt das Pulver und die getrockneten Blätter in ein kleines, dichtes Säckchen, das gut verschlossen wird. Dann knetet und walkt man das Säckchen, um auf diese Weise auch die Blätter zu pulverisieren. Am einfachsten geht das mit dem Kartoffelstampfer.

Ist das Pulver sehr fein geworden und gut gemischt, streut man es über die Haare, die nun ausgiebig durchgebürstet werden, bis das Pulver wieder völlig aus den Haaren entfernt ist. Sissi hat das variiert. Hatte ihr Haar ihrer Meinung nach den rechten Glanz verloren, dann ließ sie aus dem Pulver einen Tee kochen. War der soweit abgekühlt, daß er nur noch lauwarm war, dann wurde die Bürste in den Tee getaucht und so das Haar naß gebürstet.

An beide Methoden könnte man sich heute vor allem dann erinnern, wenn man wenig Zeit zur Haarpflege hat und trotzdem schönes Haar vorweisen möchte – oder wenn das Haar geschädigt, etwa an den Spitzen gespalten ist.

Wacholdertinktur gegen Erkältungen

Als die Österreicher erfuhren, daß ihre Kaiserin krank ist, vielleicht sogar an der Tuberkulose leidet, trafen in Wien Berge von Rezepten und Heilmitteln aus allen Teilen des Landes ein. Schade, daß sich damals keiner die Mühe machte, die Schätze an Erfahrung und Volksweisheit zu sammeln und zu sortieren. Angeblich befand sich unter den Mitteln und Mittelchen eines, das Elisabeth besonders gut gefiel. Sie soll es vor allem im Frühjahr und im Herbst verwendet haben. Es ist die einfache Wacholdertinktur.

Man benötigt dazu:

100 Gramm reife Wacholderbeeren
½ Liter Alkohol, 70prozentig

So wird die Tinktur zubereitet:
Die Beeren werden zerdrückt und in eine Flasche gegeben. Darüber gießt man den Alkohol. Die Flasche wird gut verschlossen und an einem warmen Ort vierzehn Tage lang aufbewahrt. Man schüttelt täglich ein wenig. Dann läßt man den Inhalt der Flasche durch ein Leinentuch fließen und preßt den Beerenrückstand gut aus. Die Tinktur wird in eine Flasche mit dunklem Glas gegeben und an einem kühlen Ort aufbewahrt.

In Zeiten erhöhter Ansteckungsgefahr nimmt man von der Tinktur dreimal täglich zwanzig Tropfen auf einem Stückchen Zucker. Diese Wacholdertinktur gilt auch heute noch als gutes Mittel bei Asthma.

Nußöl-Geschmeidigkeitscreme

Man weiß, daß Kaiserin Elisabeth Nüsse und Haselnüsse besonders schätzte und fast stets eine Schale mit einigen dieser Früchte in ihrem Zimmer stehen hatte.

Eine ähnliche Vorliebe brachte sie Nußölen entgegen – und einer Nußölcreme, die ihr ein Wiener Apotheker zubereiten mußte.

Sie bestand aus:

50 Milliliter Nußöl
1 Handvoll Apfelblüten
20 Gramm Bienenhonig
100 Gramm Bienenwachs

So läßt sich das Rezept zubereiten: Man gibt das Öl in eine kleine Porzellanschale, mischt die Apfelblüten darunter, deckt es zu und läßt das Ganze drei, vier Tage stehen. Dann erwärmt man den Bienenhonig, aber nur eben soweit, daß er dünnflüssig wird, mischt Öl, aus dem die Blütenrückstände entfernt sind, mit dem Honig. Kräftig rühren! Dann wird das Bienenwachs im Wasserbad flüssig gemacht und mit dem Öl-Honig-Gemisch verrührt. Man gibt die Creme in ein gut verschließbares Gefäß und bewahrt sie kühl auf.

Diese Creme soll Elisabeth vor allem vor dem Reiten und anderen sportlichen Übungen in die Gelenke gerieben haben, damit diese geschmeidig werden. Sie kann gut auch als Sonnenschutzcreme eingesetzt werden.

MARILYN MONROE

(1926 – 1962)

»Das Schlimme ist, daß ein Sexsymbol
zu einer Sache wird – und ich hasse es,
als eine Sache betrachtet zu werden.
Ich sehe mich keineswegs als Handelsware.
Aber wenn ich unbedingt das Symbol
von etwas sein soll,
warum dann nicht von Sex?«

Man hat sie verehrt, umjubelt, beschimpft, verspottet – meistens in einem Atemzug. Nach ihrem tragischen Tod, der bis heute nicht vollständig geklärt ist, stieg sie auf in die Schar der unsterblichen Filmgöttinnen, wurde sie eingereiht neben Greta Garbo, die ›Göttliche‹, Ingrid Bergman, Marlene Dietrich – neben die ganz Großen, die man niemals vergißt. Ihre Filme, allesamt weit entfernt davon, Kunstwerke zu sein, begeistern seit eh und je. Warum? Das wird nie jemand klären können. Norma Jean Baker, die rätselhafte MM – Marilyn Monroe – war weder eine Schönheit noch eine außergewöhnliche Schauspielerin. In vielen Filmen wirkte sie eher komisch, manchmal sogar wie eine Karikatur ihrer selbst – oder des Bildes, das sich Millionen von einer untalentierten, aber irgendwie niedlichen Schauspielerin gemacht hatten. Zahllose Kolleginnen haben sehr viel mehr Erotik ausgestrahlt als sie. Selbst in punkto Sex-Appeal waren ihr andere über. Und doch hat sie alle Konkurrentinnen hinter sich gelassen. Warum? Alles was man dazu sagen könnte, wäre wohl falsch, bestenfalls ein Stückchen weit richtig. Marilyn Monroe war ein Phänomen, das personifizierte Rätsel, ein unendlich unglückliches und gleichzeitig bezauberndes Wesen, eine stets nur verkannte und doch heißgeliebte Frau, ein Mensch, der die Lebensfreude verkörperte – und überhaupt nicht zu leben verstand. Vielleicht waren es gerade die vielen Widersprüche in ihrer Person, die sie so attraktiv, so anziehend, so unwiderstehlich gemacht haben?

Geboren als uneheliches Kind einer kranken Arbeiterin, die den größten Teil ihres Lebens in Nervenheilanstalten verbrachte – ihre Großmutter ist in der Irrenanstalt gestorben –, hatte Norma die Hölle eines ungeliebten, verstoßenen Kindes, untergebracht bei lieblosen Pflegeeltern, durchzustehen. Ihren Vater hat sie niemals kennengelernt. Nach eigenem Geständnis ist sie mit neun Jahren von einem ihrer Pflegeväter mißbraucht und dann zur nächsten Pflegestelle weitergeschickt worden. Keine Sonne, keine Freude, kein Lichtblick.

Für das, was andere ihr antaten, wurde sie bestraft, geschlagen, gedemütigt. Norma stotterte, sprach auch später noch mit kaum verständlicher Wisperstimme, hielt sich für absolut wertlos, verachtenswert, nutzlos.

Mit sechzehn Jahren floh sie in ihre erste Ehe mit James Dougherty, einem jungen, sehr eifersüchtigen Fabrikarbeiter. Doch typisch: Sie nannte in ›Papi‹, suchte in ihm den nie gehabten Vater, der ihr endlich Schutz und Geborgenheit vermitteln könnte. War sie, die nie Liebe erfahren hatte, überhaupt zur Liebe fähig? Hatte man sie nicht geradezu in die Arme dieses ehrlichen, aber unreifen Mannes geworfen, um sie endlich los zu sein? Dougherty machte sie zu seinem Hausmütterchen. Und vielleicht wäre sie sogar eine ganz normale, genügsame, brave Hausfrau geworden, kein anderes Ziel vor Augen als das, ihr Haus und die Familie in Ordnung zu halten und den Gatten zu versorgen. Doch Dougherty mußte in den Krieg, sie ging als Lackiererin in eine Fabrik und arbeitete schließlich als Mannequin.

Und dann, als die Chance bestand, erste kleine Rollen beim Film zu bekommen, stand der Ehemann ihr im Wege. Man verpflichtete in Hollywood keine verheirateten Frauen. Die Gefahr, sie könnten schwanger werden und damit die Produktion eines Films schmeißen, hielt man für zu groß. Also ließ Norma ihren Ehemann fallen. Das Leben der ›grauen Maus‹ Norma Jean Baker sollte ein für allemal zu Ende sein. Nun sollte der Aufstieg der Marilyn Monroe beginnen. Doch sie wußte gleichzeitig, daß sie eigentlich keine Voraussetzungen mitbrachte, ein großer Star zu werden. Ihre Zähne standen schief, ihr Kinn war zu lang und zu spitz, die Nase höckerig. Für Marilyn sollte das alles kein Hindernis sein. Ließ sie sich eben zahnorthopädisch behandeln, trug eine Zahnspange; ließ sie sich die Unebenheit auf ihrer Nase entfernen und das Kinn etwas auspolstern. Die schwarzen Haare wurden hellblond gebleicht. Marilyn trug die berühmt gewordenen, stets einige Nummern zu engen Pullover, die ihre üppigen Brüste noch deutlicher hervorhoben. Nur zu schnell hatte sie erkannt, wie gut sie als naives Dummchen, als großes Kind mit verführerischen und doch erschrockenen Augen und dem stets offenen, nach Liebe dürstenden Mund ankam. Doch was als Einstieg in das Geschäft gedacht war, sollte zum Markenzeichen werden, das sie nie wieder loswerden konnte. Im Film gab es selbst dann, als sie eine eigene Produktionsfirma gegründet hatte, immer nur die eine Rolle für sie: die unbedarfte, unkomplizierte Blondine, ein ideales Spielzeug für Männer, dem man beim kleinsten Aufmucken grob und unmißverständlich sagte: »Versuche um Gottes willen nicht zu denken. Du sollst lieb sein, dich herzeigen, sonst nichts.« Niemand wollte sie ernst nehmen. Im Gegenteil. In Hollywood, in New York, bald in der Presse der ganzen Welt machte man sich einen Sport daraus, Marilyn aufs Glatteis zu führen, um sie lächerlich zu machen und zu demonstrieren, wie ungebildet, wie dumm, wie einfältig sie ist. Ertappte man sie beim Kaufen eines Buches oder beim Lesen, wurde sie alsbald einem ironischen Quiz über den Autor und die Literatur ganz allgemein unterzogen und sarkastisch gefragt, ob sie die Bücher eigentlich braucht, um sie zur Verbesserung der Körperhaltung auf dem Kopf zu tragen. In aller Öffentlichkeit sollte sie beantworten, wie lang es ein Wal ohne zu atmen unter Wasser aushalten kann. Und jedesmal fühlte sie sich tief verletzt.

Als sie begann, ernsthaft Schauspielkunst zu studieren, tadelte sie ein berühmter New Yorker Kolumnist in seiner Zeitung: »Was soll das mit dem ›Actors Studio‹ und der Trainingstruppe von professionellen Schauspielern, denen Elia Kazan vorsteht? Was hast du da zu suchen? Willst du wie Kim Stanley klingen oder wie Geraldine Page? Ich wette, die anderen würden über Nacht dem Showbusiness den Rücken kehren, wenn du aufstehen und durch den Raum gehen würdest. Es geht doch um folgendes: Du wirfst dein Erbe fort. Noch schlimmer, du erteilst Millionen von heißblütigen amerikanischen Burschen, für die du zu einem Symbol unkomplizierter Weiblichkeit geworden bist, eine Abfuhr.« Marilyn protestierte heftig: »Ich will als Schauspielerin, als Künstlerin anerkannt werden und nicht länger euere Schaupuppe sein!« Doch das nützte ihr wenig. Ihre Umgebung konnte darüber nur schmunzeln. Selbst die Rolle der dümmlichen Blondine versuchte man immer wieder ihr wegzunehmen und anderen Starlets zu übertragen. Doch jedesmal protestierte das Publikum und rief nach Marilyn. Die Filmgewaltigen kamen nicht um sie herum. Der wohl wichtigste

Mann im Leben Marilyns war der Filmboß Johnny Hyde, ein alternder, herzkranker Mann, der ihretwegen seine Frau und vier Söhne verließ. Johnny hatte Marilyn im Filmgeschäft viel zu verdanken. Doch sie heiratete ihn nicht, weil sie ihn nicht liebte.

Die große Liebe ihres Lebens dürfte das amerikanische Sportidol Joe DiMaggio gewesen sein. Die Ehe mit ihm war ein einziger Fehlschlag. Schon nach neun Monaten wurde sie geschieden. Lag es an Marilyn? Vermutlich nicht. Sie ließ sich nach zwei Fehlgeburten sogar operieren, weil sie unbedingt Mutter werden wollte. Doch die Welt, in der sie lebte, die Art und Weise, wie man seine Frau öffentlich in den Schmutz zog und trotzdem begierig begaffte, verabscheute DiMaggio so sehr, daß er es nicht mehr aushalten konnte. Zu Hause saß er nur vor dem Bildschirm, sah sich einen Fernsehfilm nach dem anderen an und ließ sich währenddessen von Marilyn bedienen. Als sie dahinterkam, daß er sie auch noch betrog, unternahm sie einen Selbstmordversuch. Noch am Grab Marilyns flüsterte Joe: »Ich liebe dich, ich liebe dich, ich liebe dich.«

Dem dritten Mann, Arthur Miller, ist Marilyn Monroe schon 1950 begegnet. Sechs Jahre später haben die beiden, der Dichter und das Showgirl, geheiratet. Marilyn nahm seinetwegen den jüdischen Glauben an und lernte jüdische Spezialitäten kochen. Doch nach vier Jahren war auch diese letzte Ehe gescheitert. Miller, der früher einmal von ihr geschwärmt hatte: »Sie besitzt eine angeborene Natürlichkeit, ist ungeheuer warmherzig. Wer mit ihr zusammen ist, will nicht mehr sterben. Sie ist von Kopf bis Fuß Frau, die fraulichste Frau der Welt« – schrieb nach ihrem Tod ein böses Theaterstück, indem er Marilyn kaum verhüllt für sein eigenes schriftstellerisches Versagen verantwortlich macht und sie als unmögliche, lasterhafte, dem Alkohol und der Tablettensucht verfallene, rettungslos dumme Frau hinstellt. Kein Meisterstück des Dichters!

Arthur Miller, so muß man annehmen, hat Marilyn Monroe nie verzeihen können, daß selbst er, der hochgeistige Mann, ihren Reizen verfallen ist und sie sogar geheiratet hat.

Während des Films ›Machen wir's in Liebe‹ hat sich der französische Star Yves Montand in Marilyn Monroe verliebt – und auch sie liebte ihn so sehr, daß sie ihn am liebsten zu ihrem vierten Mann gemacht hätte. Doch daraus wurde nicht mehr als eine kurze Affäre. Montand war mit Simone Signoret verheiratet und nicht gewillt, diese tiefe Bindung aufzugeben. Marilyn mußte verzichten. Doch mit großer Wahrscheinlichkeit hätte auch die Liebe zu Yves Montand keine Zukunft gehabt. Er bezeichnete sie als »hinreißendes Kind«, als »ein einfaches Mädchen ohne jegliche Tücke«. Er nannte sie »eine aufrichtige, großzügige, liebenswerte, talentierte und amüsante Frau« – zu wenig für eine echte Partnerschaft!

Und danach? Marilyn war inzwischen vierunddreißig Jahre alt. Sie hatte in 28 Filmen mitgespielt. Die beiden letzten: ›Manche mögen's heiß‹ und ›Machen wir's in Liebe‹ waren Riesenerfolge. Die Kritiker anerkannten plötzlich ihre Leistungen und überschlugen sich in Lob: »Es mag sich abgedroschen anhören, aber Marilyn sah noch nie besser aus. Ihre Leistung als ›Sugar‹, die üppige Blondine mit Vorliebe für Saxophon-Spieler und Männer mit Brille, hat etwas auf köstliche Weise Naives. Sie ist eine Komödiantin mit jener Mischung aus Sex-Appeal und Gespür für den richtigen Moment, die unschlagbar ist...« Und: »Miss Monroe besitzt auch hier ihren eigenen Zauber, wird uns aber nicht als lebendes Pin-up-Girl in hautenger Seide vor die Nase gesetzt. Wer wollte bestreiten, daß die Schauspieler in diesem Film Spitzenleistungen vollbringen? Man vergißt, daß sie ihre Figuren nur darstellen und nicht sind, was sie spielen.« Es ist zu spät. Marilyn wird 1961 und 1962 noch zwei Filme drehen, ein dritter bleibt unvollständig, weil sie während der Dreharbeiten völlig durchdreht. Danach ist sie am Ende. Über ihren mysteriösen Tod ist viel gerätselt und mancher Verdacht, bis hin zum Mord durch Geheimdienst-Agenten, geäußert worden. Der US-Präsident John F. Kennedy, so hielt sich hartnäckig das Gerücht, soll einer ihrer letzten Liebhaber gewesen sein. Es gibt sogar angebliche Aussagen von Marilyn über die eindrucksvolle Potenz des Präsidenten – ganz bestimmt nicht mehr als eine plumpe Fälschung. Marilyn hätte niemals das Vertrauen mißbraucht und sich mit einer ›Eroberung‹ gebrüstet. Im Grunde war sie zeitlebens – vor allem in intimen Fragen – ein überaus ›altmodisches‹ Mädchen.

Gerüchte wollten wissen, John F. Kennedy habe das Verhältnis zur weltberühmten Schauspielerin zu ihrem Bedauern abgebrochen und sie an seinen Bruder Robert, seinerzeit Justizminister, abgetreten. Bobby soll nun Marilyn ebenfalls, und zwar am Abend vor ihrem Selbstmord, den Abschied gegeben haben, weil politische Gegner dahinter gekommen und drauf und dran waren, die Kennedy-Fehltritte politisch auszuschlachten. Ein Gewerkschaftsführer besaß angeblich sogar ein Tonband mit einem vertraulichen Gespräch zwischen Marilyn und Bobby und hatte mit der Veröffentlichung gedroht.

Marilyn starb an einer Überdosis Schlafmitteln – es dürfte ihr fünfter oder sechster Selbstmordversuch gewesen sein.

Man fand sie mit dem Telefonhörer in der Hand. Durchaus möglich, daß sie auch diesmal noch versucht hatte, in letzter Minute gerettet zu werden.

Neben den Schlaftabletten fand man allerdings auch Spuren von schweren Betäubungsmitteln in ihrem Magen. Die Aufzeichnungen ihrer letzten Telefongespräche sind von der Polizei beschlagnahmt und niemals freigegeben worden. Über die zusätzlichen Betäubungsmittel hat man bis heute nichts Konkretes erfahren können.

Nach Aussagen ihrer Haushälterin ist Marilyn nicht zu Hause in ihrem Bett, sondern erst im Krankenhaus verstorben. Ein Abschiedsbrief von Robert Kennedy soll noch vor dem Eintreffen der Polizei vernichtet worden sein.

Marilyn hatte zuletzt, daran gibt es keinen Zweifel, für ihren Tabletten-Mißbrauch bezahlen müssen. Es ist nicht einmal ganz auszuschließen, daß sie sich nicht umbringen, sondern nur beruhigen wollte und dabei einfach zuviel erwischte. Zuletzt war sie so massiv von nervösen Erregungs- und Unruhezuständen geplagt gewesen, daß man sie 1961 sogar dazu überreden mußte, freiwillig eine Klinik für psychisch anfällige Personen aufzusuchen. Dort stand sie zeitweise sogar unter pausenloser Überwachung, weil man stets fürchtete, sie könnte sich etwas antun. Fast einen Monat verbrachte sie unter dieser ärztlichen Kontrolle.

Die Filmleute hatten es nie einfach gehabt mit ihr, von Anfang an nicht. Marilyn ist geradezu sprichwörtlich geworden für Unpünktlichkeit und stundenlange Verspätungen. Doch das hatte gar nichts mit Pflichtvergessenheit oder Starallüren zu tun. Wenn sie morgens um zehn Uhr in den Studios sein sollte, fand man sie nachmittags um vier Uhr immer noch planschend in ihrer Badewanne, Champagner oder Wodka trinkend. Sie hatte nicht vergessen, daß alles auf sie wartete. Sie zögerte lediglich ihren ›Auftritt‹ hinaus, Minute um Minute, mit wachsender Angst, bis es zu spät war. Ihr ganzes Leben lang hat sie nie den Menschen gefunden, der sie bei der Hand genommen, ihr Selbstsicherheit vermittelt hätte. In ihren ausgedehnten Bädern, so klug war sie, sah sie selbst eine Art Zwangshandlung: Es war ihr, als hätte sie etwas abzuwaschen: »Es ist gar nicht Marilyn Monroe, die da in der Badewanne liegt, ist Norma Jean. Ich bereite Norma ein riesiges Vergnügen. Norma hat immer nur Badewasser benützen dürfen, in dem zuvor schon sechs oder acht Personen gebadet hatten. Jetzt darf sie in ein frisches Badewasser steigen. Es ist so klar und durchsichtig wie eine Fensterscheibe. Norma kann einfach nicht genug bekommen von dem frischen, parfümierten Wasser.«

Sie sprach von ihrer früheren Existenz, als lebten zwei Persönlichkeiten in ihr, als hätte sie nichts anderes zu tun als gutzumachen, was an ihr früher verbrochen wurde.

Selbst den Jubel der Menge empfand sie nicht als Genugtuung und Anerkennung, sondern als eine Art Bestrafung der Menschen, die früher der kleinen Norma keine Beachtung geschenkt hatten: »Die Menschen sind ganz versessen darauf, mich zu sehen. Doch ich erinnere mich an jene Jahre, als ich unerwünscht war, an all die vielen Stunden, in denen man das kleine Dienstmädchen Norma Jean nicht sehen wollte, nicht einmal die eigene Mutter. Ich verspüre eine seltsame Befriedigung darin, all die Leute zu bestrafen, die mich jetzt sehen wollen. Aber im Grunde bestrafe ich nicht sie, sondern die Leute aus längst vergangenen Tagen, die Norma Jean immer verachteten«, sagte sie einmal voll Bitterkeit. Immer wieder tritt die kleine, mißhandelte, mißbrauchte, ungeliebte Norma in das Leben der gefeierten und bewunderten Marilyn – die Norma, die sie selbst zu verleugnen versucht hatte, um Marilyn schließlich zu erdrosseln.

Gibt es vielleicht doch noch ein Geheimnis, dessen Aufklärung verraten könnte, warum Marilyn über den Tod hinaus derart gegenwärtig blieb?

Die Schauspielerin June Haver schrieb in ihren Erinnerungen an die Dreharbeiten zu dem Film ›Love Nest‹, der 1951 fertiggestellt wurde – damals war Marilyn gerade fünfundzwanzig Jahre alt: »Während des Films war sie unglaublich jung und schön, ungewöhnlich scheu und übernervös. Aber ich erinnere mich an die Szene, als sie sich im Garten hinter dem Haus sonnen sollte. Als Marilyn im Badeanzug am Drehort erschien und zum Strandkorb ging, hielt die ganze Mannschaft den Atem an, gaffte und starrte und schien sich in Stein verwandelt zu haben. Die Leute hörten einfach mit der Arbeit auf und glotzten. Marilyn hatte dieses elektrisierende Etwas...«

Dieses ›Etwas‹ bestand aus der angeborenen Natürlichkeit einerseits – aber auch aus einer enormen Entschlossenheit, das, was an dieser Natürlichkeit nicht so ganz ideal sein sollte, zu korrigieren.

So hat die kleine Norma beispielsweise beim Lachen nicht nur die Zähne, sondern auch das Zahnfleisch entblößt. Marilyn erfuhr, daß dies ein schwerer Fehler sei – und übte so lange vor dem Spiegel, bis das neue Lächeln, bei dem man kein Zahnfleisch mehr sehen konnte, ihr in Fleisch und Blut übergegangen war. Dieses Lächeln hat sie nie wieder vergessen. Es gibt kein einziges Bild von Marilyn Monroe, auf dem man das Zahnfleisch sehen würde.

Marilyn hatte auch unentwegt mit Gewichtsproblemen zu tun. Sie war nicht gerade zartgliedrig gebaut und obendrein ein erstklassiger ›Kostverwerter‹. Jeder Bissen – vor allem später aber jeder Schluck Alkohol – setzte sich an. Hätte Marilyn nicht viel gefastet, oft regelrecht gehungert, sie wäre wohl auseinandergegangen wie ein Pfannkuchen. Doch dazu ließ sie es nicht kommen. Überflüssigen Pfunden rückte sie jeweils umgehend und rigoros zuleibe.

Mit dem Ergebnis, das jeder Frau mit solchen Problemen nur allzu vertraut ist: Jedesmal, wenn sie es wieder geschafft hatte, ›hatte sie das Gefühl, in einer zu weiten Haut zu leben.‹ Die Haut war nicht mehr so straff wie zuvor, sondern leicht schrumpelig.

Die Kastanien-Hautkur von Marilyn Monroe

Von einer ungarischen Zugehfrau soll sie ein altes Rezept bekommen haben, das ihr geholfen hat, weil sie es angeblich eifrig anwendete: Kastanien-Gelatine.

Hier ist das Rezept. Sie brauchen dazu:

Etwa 20 schöne, rohe, möglichst frische Roßkastanien
50 Gramm Zinnkraut (Ackerschachtelhalm, frisch oder getrocknet)
1 Tasse Rosenwasser
20 Gramm Gelatine (nehmen Sie Tafeln oder Pulver, wie Sie es sonst zum Kuchenbacken verwenden)
10 Gramm Agar-Agar (das ist ebenfalls ein Pulver, gewonnen aus Algen. Es löst sich im kochenden Wasser auf, quillt stark auf und erstarrt im Erkalten gallertartig. Man bekommt es in der Apotheke oder im Reformhaus)

So wird das Rezept zubereitet:

Die Kastanien werden geschält und anschließend durch die Mandelmühle gedreht. Danach zerkleinert man das Zinnkraut und gibt das Kastanienmehl und das Zinnkraut in etwa einen halben Liter Wasser. Dies läßt man bei kleiner Flamme einige Male kurz aufkochen. Man läßt den Absud anschließend abkühlen und seiht ihn danach ab.

Nun wird das Rosenwasser erwärmt. Es soll gut heiß werden, aber nicht kochen. Man rührt die Gelatine und das Agar-Agar darunter. Zuletzt erwärmt man noch einmal den Kastanien-Zinnkrautabsud und gibt die übrigen Zutaten hinzu.

Das ergibt ein relativ steifes Gel, das sich leicht in die Haut einmassieren läßt. Tun Sie das nach dem Baden und Duschen. Doch reiben Sie das Gel nicht wahllos in die Haut ein, sondern verwenden Sie es nur an den Stellen, wo Sie glauben, daß die Haut schon etwas schlaff oder faltig ist.

Die Kastanien-Gelatine ist nicht unbedingt ein Mittel für die Gesichtshaut. Auch für sehr zarte Haut ist sie leicht zu kräftig, so daß sich nach dem Gebrauch alsbald ein Gefühl der Spannung einstellt.

Um so besser eignet sie sich für Körper und Gliedmaßen, speziell für den Bauch, für Unter- und Oberschenkel.

Wenn Sie schöne Beine haben wollen, dann massieren Sie die Kastanien-Gelatine vor allem vor dem Schlafengehen kräftig ein.

Ebenfalls empfehlenswert ist dieses Mittel für den Hals, wenn sich dort erste Anzeichen eines Doppelkinns zeigen sollten. Doch muß sie am Hals besonders sparsam verwendet werden. Zwei, drei Anwendungen pro Woche genügen.

Kastanienmehl ist schon im Altertum als Mittel zur Hautstraffung verwendet worden. Die Ägypterinnen rührten das Mehl mit Wasser an und fertigten aus dem Brei Gesichtsmasken, die ein vorzeitiges Altern der Haut verhindern sollten.

Erdnuß-Massageöl

Marilyn Monroe hat einen Mann verehrt und bewundert, der als der ›Schlafende Prophet‹ in die Geschichte eingegangen ist: Edgar Cayce. Er besaß die Fähigkeit, sich selbst in Trance zu versetzen, um dann Krankheitsdiagnosen zu stellen und Rezepte dagegen zu nennen. Auf diese Weise hat er vielen tausend Menschen geholfen. Manches seiner Rezepte ist weltweit bekannt geworden, etwa der Rat: »Wer sein Leben lang täglich zwei Mandeln ißt, wird nie unter unreiner Haut leiden – und keinen Krebs bekommen. Wer sich wöchentlich einmal den Körper mit reinem Öl einreibt, bleibt frei von Rheumatismus.« Marilyn Monroe hat von solchen Ratschlägen ›aus dem Jenseits‹, wie sie glaubte, viel gehalten. Und sie ließ sich auch Schönheitsrezepte zubereiten, die von Cayce stammten. Beispielsweise das Erdnußöl.

Man braucht dazu:

¼ Liter reines Erdnußöl
⅛ Liter Olivenöl
⅛ Liter Rosenwasser
1 Eßlöffel Lanolin, flüssig

Diese Zutaten werden einfach miteinander gut verschüttelt, vor jedem Gebrauch wieder aufgeschüttelt. Das

Erdnußöl wendet man nach dem Vollbad an, wenn die Haut besonders aufnahmefähig ist, die Poren geöffnet sind. Es wird kräftig in Arme, Beine, Bauch, Rücken einmassiert.

Die Schönheits-Honigseife

Da Marilyn Monroe so gerne und ausgiebig gebadet und sich gewaschen hat, war sie letztlich auf eine besondere Seife angewiesen, die besonders mild ist, die Haut nicht auslaugt, sondern pflegt. Marilyn fand die Honigseife und verwendete sie besonders gerne.

So wird sie gemacht. Man braucht:

1 kleines Stück einer zarten Toilettenseife
50 Gramm Bienenwachs
½ Tasse Bienenhonig
½ Tasse Erdnußöl (oder Olivenöl)
abgekochtes Wasser

Zuerst wird die Seife zerschnitzelt und zusammen mit dem Bienenwachs im Wasserbad geschmolzen. Sobald Wachs und Seife wieder etwas abgekühlt haben, aber noch flüssig sind, mengt man den Honig bei, das Erdnußöl und etwas abgekochtes Wasser (höchstens eine halbe Tasse).

Gießen Sie sodann die noch warme Honigseife auf eine gut eingefettete Folie und lassen Sie sie darauf steif werden. Sie können sie dann später in kleine Stücke schneiden.

Diese Seife empfiehlt sich bei besonders empfindsamer oder überstrapazierter Haut, bei unreiner Haut und Akne.

Wermut-Wein für die Augen

Marilyn Monroe hat nicht nur in Filmen das kurzsichtige Mädchen gespielt, sie hatte selbst Probleme mit der Sehkraft und neigte der Überanstrengungen wegen zu roten Augen. Dagegen hatte sie ein natürliches Mittel: Wermut-Wein.

Sie hat ihn mit folgenden Zutaten zubereiten lassen:

frisches Wermutkraut, eine Handvoll
1 Flasche Süßwein

Der Wermut wird im Wein gekocht (etwa drei Minuten lang). Man seiht das Kraut ab, gibt den Wein in die Flasche zurück. Von dem Wein trinkt man morgens und abends je ein halbes Schnapsglas voll.

Der Wermutwein kann auch zu Umschlägen verwendet werden. Dann erwärmt man etwas von dem Wein, tunkt ein Tüchlein hinein und legt es, abends vor dem Schlafengehen, für einige Minuten über die Augen.

Der Wein, sofern man ihn trinkt, reinigt das Blut. Die Augen werden wieder heller. Die Auflagen fördern die Durchblutung der Augengefäße. Mitunter kann auf diese Weise eine deutliche Verbesserung der Sehkraft erlangt werden. Man kann heute auch Wermut-Frischsaft in der Apotheke kaufen und ihn mit Wein kochen. Die Wirkung ist fast noch besser.

Die ganz persönliche Auffrischungs-Creme

Gegen müde Haut, schlecht durchblutete, alte Haut gibt es eine Creme, die Marilyn Monroe in späteren Jahren sich oft besorgte.

Sie besteht aus:

60 Gramm Orangenblütenwasser
20 Gramm Weizenkeimöl
4 Gramm Kakaobutter
½ Teelöffel Kirschwasser
½ Teelöffel Lanolin, flüssig
4 Gramm Bienenwachs

Man läßt zuerst das Bienenwachs und die Kakaobutter zergehen, gibt das Weizenkeimöl und das Lanolin bei. Gut rühren! Nun läßt man, ähnlich wie bei der Herstellung einer Mayonnaise, unter ständigem Rühren das Rosenwasser hineintropfen. Sehr langsam, sonst gerinnt die Creme! Am Schluß gibt man das Kirschwasser zu. Fertig.

Noch warm füllt man die Creme in eine Dose (möglichst kein Kunststoff, sondern Porzellan, Steingut). Kühl aufbewahren. Stellen Sie sich diese Creme stets frisch her, da sie keine Konservierungsmittel enthält. Die Creme eignet sich besonders für sehr trockene Haut. Es ist eine typische Tagescreme für die nicht mehr ganz junge Frau.

Buchhinweise

Allgeier, Kurt, *Die Rezepte der großen Wunderheiler,* München 1984

Benoist-Méchin, *Kleopatra,* Stuttgart 1966

Conte Corti, Egon Caesar, *Elisabeth,* Graz 1934

Faber, Stephanie, *Das Rezeptbuch für Naturkosmetik,* Wien 1974

Henglein, Martin, *Die heilende Kraft der Wohlgerüche und Essenzen,* München 1985

Héritier, Jean, *Katharina von Medici,* Stuttgart 1964

Mandel, Gabriel, *Das Reich der Königin von Saba,* München 1978

Mellen, Joan, *Marilyn Monroe,* München 1983

Mitford, Nancy, *Madame de Pompadour,* München 1968

Oldenourg, Zoé, *Katharina die Große,* München 1969

Stadtlaender, Chris, *Natürlich schön durch Bio-Kosmetik,* Düsseldorf 1984

Tisserand, Robert B., *Aroma-Therapie,* Freiburg 1980

Van Taack, Merete, *Königin Luise,* Tübingen 1978

Willfort, Richard, *Gesundheit durch Heilkräuter,* Linz, 1978

Register

Abendland 18, 22, 33, 39, 52
Ackerschachtelhalm 162
Aderlaß 90, 121
Agar-Agar 162 f.
Ägypten 16 f., 32 f., 36, 45
Akeleipulver 44
Akeleisamen 44
Akeleiwurzel 44
Akne 28, 165
Alabaster 36
Alexander I. Pawlowitsch, Zar 108, 117, 119
Alexander der Große 33
Alexandrien 33 f.
Algen 162
Alkohol 25, 47, 105, 122 f., 125 f., 144, 148, 162
Allergien 28
Allheilmittel 63, 126
Aloe-Gelee 42 f.
Aloe-Pulver 42
Altersflecke, Ausbleichen der 43, 103
Ambra 26, 97, 122
Anis-Mundspülwasser 47
Anissamen 47
Anregungsmittel 44
Antonius, Marcus 32, 34 – 39
Apfel 102
Apfelblüten 149
Apfelessig 61
Apfel-Handcreme 102 f.
Aphrodisiaka 43 ff., 60, 83, 97
Apotheke 42 f., 83, 101, 121, 162, 166
Aprikosenkernöl 80

Arabia felix 18
Arabien 45
Armada 52
Arnika-Blüten 123
Arnika-Tinktur 123 f.
Arteriosklerose 45
Armenien 36
Asthma 148
Äthiopier 22, 36
Auffrischungs-Creme 166 f.
Aufhellung (Haut) 45, 144 ff.
Augengefäße, Durchblutung der 166
Augenlider 126
Augenpflege 83 f., 121, 126, 166
Augustus, Kaiser 35, 37
Außerirdische 20

Bad Ischl 131
Bad Kissingen 143
Baker, Norma Jean siehe Monroe, Marilyn
Bakterien 40, 61
Baldrian 84
Baldrian-Wein 83 f.
Balsam 16, 25
Bartholomäusnacht 50, 53
Bauchschlagadern 45
Bayern 130
Beräucherungen 23
Bergamottöl 122
Bergman, Ingrid 152
Berlin 108, 110, 112, 114 ff., 119, 121 f.
Bernstein 18
Beruhigungsmittel 144

Bibel 14f., 20
Bienenhonig 82, 85, 124, 145, 149, 165
Bienenwachs 82, 149, 165, 167
Bilqis, Königin 18, 20f.
Bläschenbildung 124
›Bleichsucht‹ 63
Blutarmut 63f., 98
Blutreinigungsmittel 84, 126, 166
Bobrinski, Alexis 76
Bocksbart 23
Borgia, Lukrezia 53
Brandwunden 45
Branntwein 65
Brennesselblätter 147
Bronchitis 101
Brüste, Pflege der 46, 80f., 122, 124f.
Brustgeschwüre 46
Busen-Massagecreme, -öl 80f., 122, 124f.
Busenpflege 46, 80f., 122, 124f.
Buttermilch 124
Byron, George Gordon Noel Lord 142

Calamus 25
Calpurnia 32f.
Capitol 34
Cäsar, Julius 32–39
Cäsarion 33, 36
Châteauroux, Madame de 96
Chaumont, Schloß 54
Cayce, Edgar 164
Cheverny, Dufort de 88
China 22
Christian August von Anhalt-Zerbst 69

Dampfbad, türkisches 79
Darmparasiten 98
Darmstadt 109, 113
Dekolleté 78, 104, 116, 124, 146
Desinfektionsmittel 61
Diana von Poitiers 55f.
Dietrich, Marlene 152
DiMaggio, Joe 156

Diodorus von Sizilien 16f., 23
Don Carlos 52
Doppelkinn 163
Dougherty, James 153
Duftessig 60ff., 65
Duftkugeln 105
Duftstoffe 22, 24, 44, 144
Dufttüchlein 104f.
Durchblutung der Haut 40, 166f.
Durchblutungsstörungen 45, 123
Duschen 81, 163

Ebenholz 36
Eidotter 46, 65
Einbeere 44
Eisenhut 44
Eisen 63f.
Eisen-Fußbad 63f.
Eisenmangel 63
Elfenbein 36
El Hadhad, König 18f.
Elisabeth von Österreich, Kaiserin 129–149
Elisabeth I. von England, Königin 51, 53
Elisabeth I., Zarin 70ff., 76–79
England 52, 93, 119, 135
Entgiftung des Organismus 40
Erdnuß-Massageöl 164f.
Erdnußöl 164f.
Erdöl 17
Erdpech 23
Eremitage (Versailles) 99f.
Erfrierungen 46
Erkältungen 121, 148
Erkältungen im Nasen-Rachen-Bereich 101
Eselsmilch, Bad in 39ff., 124
Eugénie von Frankreich, Kaiserin 133
Europa 73, 114, 117, 120

Faltenbildung, Schutz vor 43, 146, 163
Fasten 41
Favier, Sekretär Katharinas d. Gr. 68f.

Fenchelsalbe 121f.
Fenchelsamen 121f.
Fenchelwasser 121
Festetics, Gräfin Marie 132ff., 140
Fieber 139
Fliederblütenessig 62
Flohstiche 60
Florenz 52, 54
Florus, P. Annius 32
Frankfurt 117
Frankreich 50f., 54, 58, 62, 73, 93–96, 99, 111, 133, 135
Franz II., Kaiser 117
Franz II. von Frankreich 52f.
Franz Joseph I., Kaiser 130f., 135–139, 141f., 146
Französische Revolution 112
Freud, Sigmund 139
Friederike von Hessen-Darmstadt, Prinzessin 111
Friederike von Mecklenburg-Strelitz, Prinzessin 108, 113f., 117
Friedrich der Große 71, 93, 110ff.
Friedrich Wilhelm II. von Preußen 108, 110ff., 116, 118
Friedrich Wilhelm III. von Preußen 108, 112ff., 116f., 119f.
Friedrich Wilhelm IV. von Preußen 118
Frostbeulen 46
Frucht-Rosenwasser 103f.
Fruchtsäfte 103

Galgant 25
Gallenblase 40
Gallien, Gallier 36, 39
Garbo, Greta 152
Geißbart 83
Gelatine 162f.
Gelenkschmerzen, rheumatische 28
Gelomyrtol 101
Gemüse-Salate 61
Georg von Hessen-Darmstadt, Prinz 109
Germanen 36f.
Gerstenmehl 46
Gesichtshaut 125, 163
Gesichtsmaske 27, 164
Geschwüre 46
Gesichts-Reinigungswasser 103f.
›Gesichtswasser der Königin‹ 58f.
Gestank 24, 60
Gewebefestigung 46
Gewebserschlaffungen 81
Gewichtsprobleme 162
Gewürznelken 83, 105
Gicht 83
Glyzerin 121f.
Goethe, Johann Wolfgang von 108
Gold 14f., 17, 34, 36, 73
Griechenland 17, 39, 135
Gurken 58f., 61
Gurkensaft 58

Haarpulver 146ff.
Haarshampoo à la Medici 65
Haarwäsche 65, 147
Habsburg, Haus 135f., 141
Hafermehl 27
Hals 163
Halsschmerzen 121
Hammelfett 45
Hände, gerötete 82, 103
Handrücken, Pflege der 43, 47, 102f., 146
Harrach, Auguste Gräfin 120
Haselnüsse 149
Haut, empfindsame 165
Haut, rissige 103
Haut, trockene 28, 42, 59, 125, 127, 167
Haut, zarte 121, 125
Hautallergien 28
Hautaufhellung 45, 144ff.
Hautauffrischung 27, 166f.
Hautdurchblutung 40, 166f.
Hautentzündungen 47, 122
Hautfalten 43, 146, 163
Hautkur 163ff.
Hautstraffung 27, 81, 163f.
Hautpflegemittel 28, 42f., 58, 84f., 121, 125, 144ff., 162ff., 166f.
Haut-Schutzcreme mit Weizenkeimöl 82

Hautverbrennungen 45
Hautverfärbungen 62
Hautreinigungsmittel 84f., 103f., 126, 165
Hautunreinheiten 42f., 46, 59f., 62, 68, 125, 165
Haver, June 160
Heilduftstoff 25
Heine, Heinrich 142
Heinrich II. von Frankreich 51f., 55f.
Heinrich III. von Frankreich 52ff.
Heinrich IV. von Navarra 52 – 55
Helene von Bayern, Prinzessin 131
Herzinfarkt 63
Hofburg (Wien) 136f., 139
Hohes Lied der Liebe 20f.
Hollywood 154
Holunderblüten 125
Holunderblütentee 126
Holundermus 126
Holundersaft 126
Holunderblüten-Tinktur 125f.
Holunderwein 126
Honig 42, 82, 84f., 124, 145, 149, 165
Honigseife 165
Hornhaut 103
Hufeland, Prof. Dr. Christian Wilhelm 121
Hugenotten 50
Hühnerbrühe 46
Hungerkur 143
Hungerödeme 143
Hustenmittel 45, 144
Hyde, Johnny 156
Hygiene 78

Indien 17f., 22, 33
Ingwer 44
Innsbruck 131
Iris-Duftwasser 25f.
Iris florentina 25, 105
Irland 135
Ischias 143
Italien 33, 39, 52, 93

Jaspis 36
Jemen 16, 18, 24
Jerusalem 14f., 21
Johanna Elisabeth von Holstein-Gottorp 69f.
Johanniskraut 44
Jugendtee 62f.

Kakaobutter 167
Kalmus 17
Kamillenblüten 82
Karawanenstraße 21
Karneol 36
Karl IX. von Frankreich 51 – 54
Karl von Mecklenburg-Strelitz, Prinz 109, 114
Kassia 16
Kastanien-Gelantine 162f.
Kastanien-Hautkur 162ff.
Katharina die Große 67 – 85
Katharina von Medici 49 – 65
Kazan, Elia 155
Kennedy, John F. 158
Kennedy, Robert 158f.
Kirschwasser 167
Kleinasien 17, 34
Kleopatra, Königin 31 – 47, 124
Knoblauch 25, 47
Kochsalz 84f.
Kognak 65
Kölnisch Wasser 122f.
Konzentrationsfähigkeit, Stärkung der 63
Kopfsalat 62f.
Kopfschmerzen 28, 60, 121, 123, 139
Koran 22f.
Korfu 138
Kornschnaps 123
Körpermassageöl 81
Kosmetik von innen 126
Krähenfüße 43, 126
Krampfanfälle 144
Kraut 62f.
Kräuteressig 61f.
Kräuter-Haarpulver 146ff.
Kräuteröl 80

Krebs 41, 164
Krebsheilmittel 41
Kreislaufkollaps 62
Krinoline 143
Kupfer 63

Lanolin 43, 145, 164, 167
Lavendel 25, 105, 144
Lavendelblüten 62, 144
Lavendelblütenessig 62
Lavendelgeist 144
Lavendelkissen 144
Lavendelöl 122
Laxenburg, Schloß 130, 139
Leber 40
Leberschutzmittel 40, 101
Leczinska, Maria 95
Leindotteröl 28
Libyen 36
Liebestränke 43 f. (siehe auch Aphrodisiaka)
Lilienblüten 145
Limonenblütenextrakt 25 f.
Limonensaft 104
Lippen, aufgesprungene 82
Lorbeerblätter 80
Lorenzo II., Herzog 52
Louis Ferdinand, Prinz 117
›Love Nest‹ 161
Lucanus, Marcus Annaeus 36
Ludwig II. von Bayern 141 f.
Ludwig XIV. von Frankreich 94
Ludwig XV. von Frankreich 90–99, 111
Luise von Preußen, Königin 107–127, 143

›Machen wir's in Liebe‹ 157
Madeira 138
Magnesium 63
Mainz 108
Majoran 25
Malvenblätter 46, 64
Malvenblüten 46, 64
Malven-Heilsalbe 46 f.
›Manche mögen's heiß‹ 157
Mandelmilch-Paste 27 f.

Mandeln 27, 164
Mandelöl 58 f., 80
Maria Stuart 52
Maria Theresia, Kaiserin 92
Mariba 18 f., 21, 23
Marie-Antoinette, Königin 124
Marie Luise Albertine zu Leiningen-Heidesheim, Prinzessin 109
Marmor 36
Massageöl 164 f.
Mätressen 55 f., 89, 92, 94, 97 f., 111
Maximilian von Mexiko, Kaiser 142
Maximilian I. von Bayern 141
Mayerling 142
Meersalz 85
Mekka 21
Melissenessig 62
Metternich, Klemens Fürst von 108, 117
Metz 95
Milch 27, 39 ff., 46, 84 f., 124, 143
Miller, Arthur 156 f.
Mitesser 43
Mittelalter 24, 41, 59
Mohn 44
Molkebad 42
Molkepulver 42
Monroe, Marilyn 151 – 167
Montand, Yves 157
Morgenland 33
Moschus 26, 122
Moskau 79, 82
München 139
Mundgeruch 100 f.
Mundwasser 47
Muskatnuß 83
Muttermilch 41, 46
Myrrhenbäume 17
Myrrhenöl 25
Myrtenblätter 100 f.
Myrtenwein 100 f.

Nachthyazinthe siehe Tuberose
Napoleon 108, 112, 117–120
Narben 62

Nasen-Rachen-Bereich,
  Erkältungen im 101
Neapel 142
Nelken 25
Nervenheilmittel 26
Nervenstärkung 62
Nervosität 62
New York 154
Nieren 40
Nil 33
Ninive 16
Nordafrika 42
Nostradamus, Michel 50, 54f., 60
Nußöl 149
Nußöl-Geschmeidigkeitscreme 149

Obstessig 61
Ohnmacht 60, 105
Ohren, erfrorene 82
Oktavia 35
Oktavianus, Gajus siehe Augustus,
  Kaiser
Olivenöl 80, 145, 164f.
Onyx 36
Orangenblütenextrakt 25f.
Orangenblütenöl 122
Orangenblütenwasser 125f., 145,
  167
Orangensaft 104
Orangenschalen 25, 102
Orangenschalenaroma 27
Orient 39
Orlow, Gregor 74, 76
Österreich 73, 92f., 119, 130, 133,
  138
Österreichischer Erbfolgekrieg 92
Ostpreußen 119
Otto von Wittelsbach 141

Page, Geraldine 155
Palmen 17
Paracelsus 63
Parc aux Cerfs (Versailles) 98
Parfüm 25f., 60, 122, 144
Parfüm, persönliches 25f.
Paris 89, 91f., 96, 112
Paul I., Zar 71, 76

Paul Petrowitsch siehe Paul I.
Perlen 17, 35, 43f.
Persien 34
Perücken 78
Petersburg 79
Petersilie 29
Petersilien-Augenbad 29
Pfefferminzblätter 80
Pferdemilch 40
Pferdemilchkur 41
Pflegemittel (Haut) 28, 42f., 58,
  84f., 121, 125, 144ff., 162ff.,
  166f.
Philipp II. von Spanien 52
Pickel 43, 47, 62, 127
Pilzerkrankungen 42
Plato 35
Plutarch 32, 35
Peter I., der Große, Zar 70, 73
Peter III., Zar 70f., 73
Poisson, Jeanne-Antoinette siehe
  Pompadour, Jeanne-Antoinette
  Marquise de
Polen 77, 95
Pompadour, Jeanne-Antoinette
  Marquise de 87 – 105
Pommern 69f., 73, 77
Poniatowski, Stanislaus 77
Porphyr 36
Possenhofen 130, 135, 139f.
Potemski, Fürst Gregor
  Alexandrowitsch 72, 74ff.
›Potemkinsche Dörfer‹ 74
Potenzstärkungsmittel 43ff.
Preußen 73, 79, 93, 108, 110, 114,
  116 – 120
Puder 116
›Pulvis apii compositum‹ 83
Pusteln 46

Quark 124
Quark-Honig-Creme 124f.
Quitten 102
Quittengelee 44

Rätselfragen 20f.
Räucheropfer 24

Rauschgifte 44
Rautenkraut 83
Reformhaus 162
Regenwasser 64
Reifrock 116
Reinigungsmittel (Haut) 84f., 103f., 126, 165
René der Parfumeur 54
Rheumatismus 83, 164
Rom 17, 32f., 35, 37, 39
Rosenblütenblätter 25, 61, 147
Rosenessig 60ff., 65, 104
Rosenöl 122
Rosenwasser 25, 28, 42, 58f., 102–105, 125, 162ff.
Rosmarinkraut 80
Roßkastanien 162f.
Rudolph, Erzherzog 142
Ruggieri, Cosme 54
Rußland 70f., 76f., 79

Saba, Königin von 13–29, 45
Saba, Sabäer 15–18, 20, 22f., 26
›sabäische Tropfen‹ 17
Safran 46
Sahne 124
Salate 61
Salomo, König 14f., 20ff.
Salon-de-Provence 50, 54
Salzburg 133
Sanaa 18
Sandelholz 14f., 105
Sandelholzpulver 80
Sauna 24, 79, 81
Schafsmilch 41, 46
Schierling 44
Schildpatt 36
Schiller, Friedrich von 52
›Schlafender Prophet‹ siehe Cayce, Edgar
Schlafmittel 26, 63, 144
Schlaganfall 63
Schmerzmittel 28
Schminkentferner 104
Schmucklilie 101
Schnürbrust 116
Schönbrunn, Schloß (Wien) 139

Schönheitsbad 84f.
Schönheitscreme 144ff.
Schönheits-Honigseife 165
Schönheitsideal, neues 79
Schönheits-Rosenessig 60ff., 65
Schottland 52
Schratt, Katharina 142
Schutzcreme 146
Schwangerschaftsstreifen 122
Schweden 73
Schweineschmalz 42f., 45, 102
Schweißausbrüche 60
Schweißgeruch 100f.
Sehkraft, Verbesserung der 166
Sellerie 44, 83
Sellerie-Aphrodisiakum 83
Sellerie-Samen 83
Sellerie-Suppe 97
Sesamöl 28
Sex-Appeal 152, 161
Shampoo 65, 147
Signoret, Simone 157
Sizilien 42
Smaragde 36
Sonnenbad 59
Sonnenblumenöl 121f.
Sonnenschäden 146
Sonnenschutzcreme, -öl 28, 146, 149
Sonnenstrahlung 28
Sophie, Erzherzogin 132, 135f., 138f.
Sophie Augusta von Anhalt-Zerbst siehe Katharina die Große
Spanien 39, 52, 135
Stanley, Kim 155
Starnberger See 130, 142
Steinbrech 83
Stimmungsaufheller 25
Stoffwechselstörungen 84
Stutenmilch 40f.
Süßwein 166
Syrien 35

Tagescreme 167
Tarsos 34
Tilsiter Begegnung 120

175

Toilettenwasser 103
Troja 16
Trüffel 97
Tuberkulose 98, 138, 148
Tuberose 100 f.
Tuberosenblütenöl 101

Übelkeit 105
Ukraine 74, 83
Ultrabas 43
Ungarn 132, 135, 142
Universalheilmittel 63, 126

Vanille 97
Veilchenblütenessig 62
Veilchenöl 46
Veilchenwurz 25, 105, 147
Veilchenwurz-Duftwasser 104 f.
Verbrennungen 45
Vergiftungen 84
Verjüngungsbad 85
Verjüngungsmittel 60, 63
Verkrampfungen 144
Versailles 90–94, 97–100
Versailles, Eremitage 99 f.
Versailles, Parc aux Cerfs 98
Vetsera, Mary 142
Vigée-Lebrun, Elisabeth 108 f.
Viren 40, 61
Vitaminquelle 63
Volksheilkunst 126
Vollbad 81, 163
Voltaire (Françoise-Marie Arouet) 91
Vorderer Orient 21

Wacholderbeeren 148
Wacholdertinktur 148 f.
Wachs 145
Waldsterben 24
Warzen 43
Wasser, destilliertes 42, 144, 165
Wasseranwendungen 56
Weihrauch 16, 21, 24, 45 f.
Weihrauchbäume 16 f., 45
Weihrauch-Milch 46
Weihrauchöl 25
Weihrauch-Salbe 45
Wein 44, 84, 100 f., 166
Weinessig 61
Weißwein 84, 100 f.
Weizenkeimöl 82, 167
Wermut-Frischsaft 166
Wermutkraut 166
Wermut-Wein 166
Wetterkopfschmerzen 123
Wien 130, 132, 135, 138 f., 141 f., 144
Wien, Hofburg 136 f., 139
Wien, Schloß Schönbrunn 139
Wittelsbach, Haus 141
Wohlgeruch 24

Zahnschmerzen 121
Zimt 16 f., 25, 105
Zinnkraut 162 f.
Zitronenblütenextrakt 25 f.
Zitronensaft 58 f.
Zitronenschalen 102
Zypressenholz 24
Zwiebel 25